밀레니얼의 귀향

밀레니얼의 귀향

새로운 지방 시대, 부활의 해법은 달라야 한다!

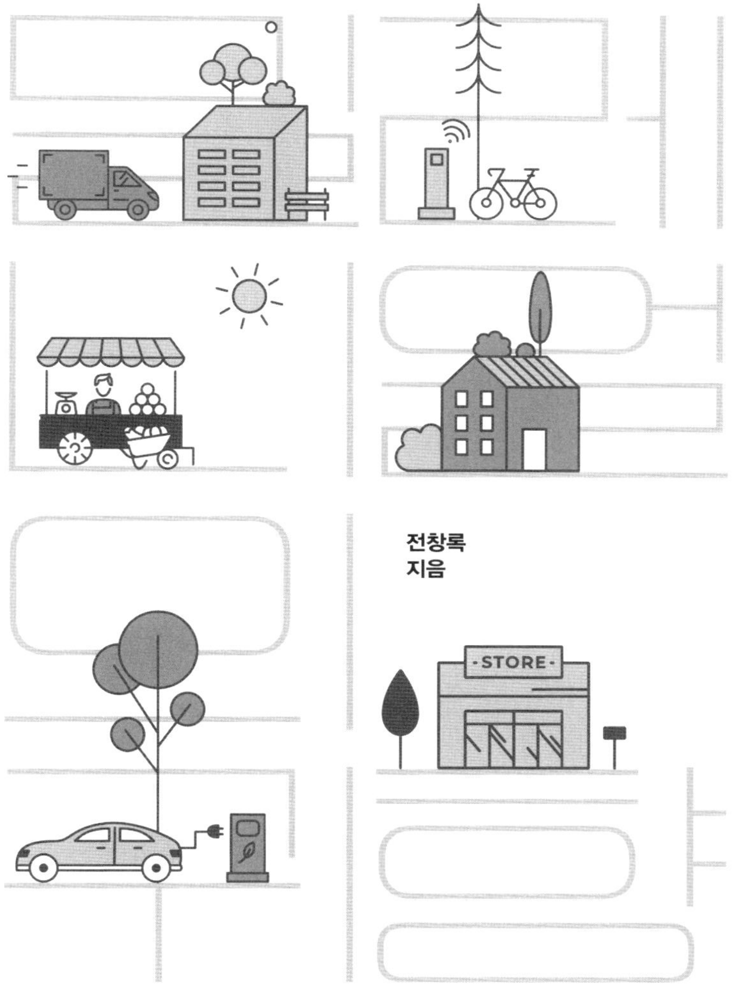

전창록 지음

들어가며

어떻게 지방 소멸을 막고 젊은이들을 돌아오게 할 것인가

지난 3년간 구미에서 경상북도경제진흥원장으로 일하면서 지방의 현실을 보게 되었다. 지금 지방은 지방 소멸이라는 단어로 몸살을 앓고 있다. 어느 특정 지자체만의 문제는 아니다. 한국 고용 정보원에 따르면 2022년 3월 기준 전국 228개 시군구 중 113곳이 소멸 위험에 처해 있다고 한다. 지방소멸위험지수는 20~39세 여성 인구를 65세 이상 고령인구로 나눈 값이다. 너무 단순 계산이라는 비판도 있지만 그만큼 지방의 문제를 극명하게 보여준다는 장점도 있다.

특히 내가 속한 경북은 23개 시·군 중 19개가 소멸 위험에 처해 있을 정도로 소멸 위험 문제가 심각하다. 지방 소멸의 원인은 청년의 유출이다. 지난 10여 년간 경북 청년은 한 해 7,000명씩 경북을 떠났고 최근 코로나19로 점점 더 가속화되고 있다. 2020년은 약 2만 명의 청년이 경북을 떠났다. 그들은 왜 떠났고 다시 오게 하려면 무엇을 해야 할까?

　지방에 있으면 대기업 유치 관련 현수막들을 많이 보게 된다. 어느 대기업이 우리 지역에 오게 해달라고 혹은 떠나지 말게 해달라고 쓰인 현수막이 곳곳에 걸려 있다. 그러나 과연 대기업이 들어오면 청년의 유출이 멈추고 또 돌아올까? 요즘 대기업들은 공장 자동화와 스마트 팩토리 등으로 인해 고용 유발 효과가 예전 같지 않다. 어느 지역의 상생형 일자리도 협력 업체들까지 다 합쳐 1,000명 정도 일자리가 만들어진다고 한다. 대기업이 들어온다고 해서(물론 없는 것보다야 낫겠지만) 지방 소멸을 되돌리거나 멈출 정도의 효과는 없는 것이다. 더욱이 자발적 선택이 아닌 정치권의 압력으로 올 때 그 일자리가 얼마나 지속가능할 것인가에 대한 의문이 있다. 지금까지 많은 정책을 폈지만 청년의 유출은 점점 더 빨라지고 숫자는 커지고 있다. 이제는 4차 산업혁명 시대이다. 그런데 우리는 지난 산업화 시대의 지방 활성화 프레임으로 청년들을 돌아오게 하려는 것은 아닐까.

　왜 청년들은 지방을 떠나는가? 경남발전연구원 조사를 보면 "약 43퍼센트는 양질의 일자리가 없어서이고 27퍼센트는 문화가 없어서"라고 한다. 양질의 일자리는 무엇인가? 단순히 임금을 많이 주는 것이 양질의 일자리인가? 단순히 임금의 문제라면 왜 스타트업에는 그렇게 많은 청년이 몰리는 것일까? 양질의 일자리는 특히 지금의 MZ 세대에게 단순히 임금의 문제만은 아니다. 이제 양질의 일자리에 임금은 최소한의 필요조건이고 더 중요한 것은 성장과 미래라는 가치이다. MZ 세대는 '나'가 가장 중요하다. 그런 나를 위한 직장에서의 성장은 일자리 선택의 가장 중요한 기준 중 하나이다. 어떻게 청년이 성장하고 미래가 있는 일자리를 만들 것인가?

문화는 또 무엇일까? 문화文化의 사전적 정의를 보면 일반적으로 한 사회의 주요한 행동 양식이나 상징체계를 말한다. 우리는 이러한 행동 양식이 반영된 생활양식과 그 산물 등을 통틀어 문화라고 하는 것이다. 문화 소비의 관점에서 보면 이러한 생활양식과 행동 양식이 반영된 물질주의적인 라이프스타일이 우리 사회 주류인 3차 산업혁명 시대까지의 문화였다. 그래서 대한민국의 부가 모인 서울의 물질주의적 라이프스타일이 청년들이 선망하는 문화가 되었다.

서울로 몰리는 것은 "서울에는 문화가 있다."였다. 그러나 이제 문화는 바뀌고 있다. 아니, 이미 바뀌었는데 우리가 그것을 인지 못 하는지도 모른다. 바로 물질주의에서 탈물질주의로의 변화이다. 미국의 주류 문화가 "샌프란시스코에 가면 머리에 꽃을 꽂으세요."라는 노래 가사처럼 히피 등 탈물질주의 전통과 성향이 강한 샌프란시스코와 실리콘밸리의 부상을 통해 바뀌는 것을 목격하고 있다. 골목길 경제학자 모종린 교수에 의하면 물질주의는 근면, 성실, 규율, 조직력 등 산업사회의 가치를 추구한다. 그리고 탈물질주의는 삶의 질, 개성, 다양성을 강조한다고 한다. 탈물질주의 시대 지방은 서울의 대척점에 설 수 있다. 지방이 살기 위해서는 젊은이들이 원하는 문화적 가치와 삶의 질과 다양한 개성을 만족시켜 주어야 한다.

지방 소멸을 막고 청년이 돌아오게 하려면 성장과 미래가 있는 양질의 일자리를 만드는 중소기업과 삶의 질을 높이고 도시의 개성과 다양성을 더하는 창의적 소상공인이 있어야 한다. 2018년 기준 대한민국 내 중소기업 종사자는 1,710만 명이다. 그중 소상공인이 896만 명으로 43퍼센트이고 나머지 중소기업에 종사하는 사람이 813만 명으로 40퍼센트이다. 소상공인과 중소기업 종사자가 전체 고용 인구의 83퍼센트로 대다수를 차지한다. 그들이 바뀌면 지방이 바뀔 것으로 생각한다. 이 책은 바로 그 소상공인과 중소기업을 어떻게 바꿀 것인가에 대한 방법론을 담고 있다.

MZ 세대는 기존의 세대와는 다르다는 얘기를 많이 한다. 앞서 말했듯이 그들은 '나' 자신이 가장 중요한 '나 먼저 Me First' 세대이다. 그래서 미국 시사주간지 『타임』은 MZ 세대의 한 축인 밀레니얼 세대를 '나 나 나 ME ME ME 세대'라고 얘기했다. 나는 그 '나 나 나'의 의미를 이렇게 생각한다. 내가 세상의 중심이고 오롯이 나 100퍼센트로 살고 싶은 나, 소중한 내가 성장해야 한다는 나, 그리고 마지막으로는 이런 나로 인해 더 나은 세상을 만들고 싶다는 나, 즉 내가 중요하니 온전히 나로 살고 싶고 성장하고 싶고 그래서 내가 사는 세상을 더 나은 세상으로 만들고 싶은 것이 밀레니얼 세대이다.

그래서 그들은 지방에서 서울로 올라가 조직 사다리의 꼭대기에 올라가는 삶에 더는 목매지 않는다. 그들은 세상의 기준과 시선에서 자유롭고 성공 중심의 조직이라는 단어에 더는 목매지 않는다. 그들은 나의 기준과 속도로 내 삶의 주인으로 살고자 한다. 내가 나로서 오롯이 설 때 주변과도 온전히 소통하고 주변과의 상생이 가능함을 알고 있다. 조직 내에서 진 사람뿐만 아니라 이긴 사람도 소외를 경험하는 그래서 모두가 패자가 되는 삶보다는 모두가 승자가 되는 삶을 살고자 한다.

  이 책은 4장으로 구성돼 있다. 1장은 외국과 한국의 도시 사례를 담았다. 먼저 외국의 도시는 '다움'을 가지고 그들만의 개성과 문화를 만들어 활성화된 도시들이다. 미국의 오스틴과 포틀랜드 그리고 브라질의 꾸리지바가 그것이다. 오스틴은 '라이브 뮤직의 세계 수도'라는 정체성을 가지고 도시의 '다움'을 발전시켜 지금은 세계 최대의 종합 콘텐츠 축제로 유명한 사우스 바이 사우스웨스트(SWSZ, South by southwest)를 탄생시켰다. 이런 개성과 다양성에 매료되어 실리콘밸리 등의 고소득 전문직 종사자들이 많이 이주하고 있고 테슬라도 본사를 이전하겠다고 해서 다시 한번 유명세를 치렀다. 포틀랜드는 미국에서 소상공인 비중이 55퍼센트일 정도로 로컬 크리에이터들과 커뮤니티가 활성화된 도시이다(물론 그들이 본인들을 로컬 크리에이터라고 부르지는 않는다. 이 용어는 철저히 한국적 용어이다).

  포틀랜드는 도시의 슬로건을 '포틀랜드를 괴짜스럽게(Keep Portland Weird)'라고 할 정도로 도시의 개성을 중요하게 생각한다. 특히 주민들도 자신들만의 개성(로컬 브랜드)을 만들고 성장시키기에 너무나 열성적인지라 포틀랜드에서 출발해서 전국적인 브랜드가 된 수제 맥주, 자전거, 책방 등이 다수 있을 정도로 창의적 소상공인들이 가장 활성화된 도시이다. 꾸리찌바는 세계적 생태 도시로 세계 최대 규모의 차 없는 보행자 전용 거리가 있는 곳으로 유명하다. 꾸리찌바의 변화를 이끈 자이메 레르네르Jaimer Lerner 전 시장의 얘기가 인상 깊다. 그는 "창의성은 예산에서 0 하나를 뺄 때 비로소 탄생된다. 0을 두 개 뺄 수 있다면 그 도시는 진정한 창의 도시가 될 수 있다."라고 말했다. 이런 도시들의 얘기를 담아봤다.

2장은 어떻게 하면 창의적 소상공인, 즉 로컬 크리에이터가 될 것인가에 대한 이야기이다. 로컬 크리에이터가 되기 위해 가장 중요한 필요조건은 '다움'이다. 다움은 다름과는 다르다. 다름은 남과의 비교를 통해 나의 존재가 규정되는 것이라면 다움은 나 혼자 오롯이 존재하는 힘이다. 나음과도 다르다. 줄 세우기의 나음도 또 다른 형태의 비교이고 다름이기 때문이다. 그러나 다움은 '무엇'이라는 개념보다는 '어떻게'가 훨씬 중요한 개념이다. 우리 모두 무엇이 되고자 마음먹기는 쉽다는 것을 알고 있다. 그리고 다움은 그 지역만의 정체성과 개성을 지키는 것뿐만 아니라 새로운 가치를 더하여 지속가능성을 확인할 수 있을 때 제대로 발현된다. 그래서 다움은 무엇What이 아닌 어떻게How에 방점이 있다.

그리고 지방으로 내려온 밀레니얼들의 사례를 담았다. 이미 지방에는 많은 밀레니얼이 내려와 자리잡고 있다. 그들은 그 지역에 개성과 다양성을 더함으로 지역의 문화를 풍성하게 하고 있고 더 많은 청년이 지역으로 내려오는 마중물 역할을 하고 있다. 도시에 살았지만 지방을 선택한 사람들. 그들은 바로 밀레니얼 세대이고 마음속의 소리를 따라 새로운 라이프스타일을 개척한 사람들이다. 인생에서 중요한 것 중의 하나가 내 삶에 대한 컨트롤인 '내 삶의 주인이 되는 느낌'이다. 경북 영천에 내려온 한 청년은 "내 삶의 주인이 되지 않으면 마음이 공허해지고 삶에 의욕을 갖기 쉽지 않다. 시골에서 창업하면서 스스로의 힘으로 내 삶을 통제한다는 느낌을 가질 수 있었다."라고 이야기했다.

다움에는 '머리끝에서 발끝까지'라는 집요함과 보이는 부분과 보이지 않는 부분이 같고 시간이 흘러도 변치 않는 일관성이 필요하다. 다움에 기반한 로컬 크리에이터들은 지방이라는 물리적 한계를 벗어나기 위해 감동을 통해 팬을 만들고 그 팬의 감동과 추천이 세상으로 퍼져나갈 수 있도록 연결에 신경써야 한다. 그래서 다양한 라이프스타일 브랜드를 소개하면서 감동을 만들기 위한 고객 접점이라는 개념과 나와 세상과의 연결을 강화하기 위한 연결의 인식, 태도, 구조에 관해 설명하고 있다.

3장은 일자리의 90퍼센트를 책임지는 지방의 중소기업을 어떻게 유니콘처럼 성장시킬 것인지와 미래가 있게 만들 것인지의 이야기이다. 4차 산업혁명 시대에 중소기업을 위한 나라는 없다는 이야기를 많이 한다. 중소기업이라는 말에는 두 가지 의미가 있다. 그 말에는 기업을 나누는 기준이 크기라는 것과 보호와 육성을 기반으로 중소, 중견, 대기업으로 가는 성장 사다리가 작동한다는 의미가 있다. 그러나 오늘날은 큰 물고기가 작은 물고기를 잡아먹는 게 아니고 빠른 물고기가 느린 물고기를 잡아먹는다. 따라서 기업의 크기보다는 변화에 대한 대응 속도가 기업을 나누는 더 중요한 기준이 되어야 한다. 이제 우리 기업들은 독일 기업 딜리버리히어로에 4조 7,000억 원에 인수된 배달의민족처럼 변화에 대한 대응과 적응을 통해 급속하게 성장하거나 느리게 죽는 두 가지 선택지밖에 없다. 그 어디에도 보호와 육성을 통한 느린 성장은 기대할 수 없다. 그래서 중소기업은 없는 것이다. 이제 기업은 예측도 통제도 가능하지 않은 기하급수적 변화에 대한 대응력을 기준으로 기하급수 기업과 산술급수 기업으로 나누어야 한다. 우리 중소기업을 기하급수 기업으로 만드는 그 방법에 관해 서술하였다.

마지막 4장에서는 로컬 크리에이터의 생태계를 어떻게 만들지 함께 고민하려 했다. 시대가 바뀌고 지방은 소멸된다고 하는데 정작 어떻게 미래를 꾸려갈지는 그대로인 듯하다. 아직도 대기업을 유치하는 데 우선순위를 두는 지방이 한둘이 아니다. 그것이 나쁘다거나 틀렸다는 것이 아니다. 우선순위와 방향의 문제를 얘기하려는 것이다. 개인적으로 4차 산업혁명 시대는 기하급수적 변화의 시대임으로 예측이 아닌 감지로, 통제가 아닌 선점으로, 계획이 아닌 대응으로 우리의 일하는 방법이 변해야 한다고 얘기하고 있다. 이런 일하는 방법에 대한 적응 여부에 따라 『포춘』 500대 기업의 40퍼센트에서 70퍼센트까지 10년 내 망할 것이라는 예측이 있다. 크기가 아닌 속도에 대한 대응이 중요하다.

새로운 지방 부활의 해법은 달라야 한다. 대기업 유치 위주의 해법은 이미 수명을 다해가고 있다. 이제 지방 소멸 문제의 해법은 밖에서 찾을 것이 아니라 안에서 찾아야 한다. 제주, 강릉, 군산, 양양 등 로컬 크리에이터들이 활성화된 도시들에서 그 가능성을 볼 수 있다.

로컬 크리에이터 생태계를 어떻게 구축하고 어떤 이슈들이 있는지에 관해 얘기해보고자 한다.

이 책을 쓰는 와중에도 지금 하는 이야기들이 얼마나 우리 상황에 현실적인지에 관해 고민했다. 예를 들어 중소기업이 기하급수 기업이 되는 데 과연 기업들만의 인식 변화와 노력만으로 가능한 일인지? 오히려 우리 중소기업들을 힘 빠지게 하는 여러 제도와 법적인 규제와 장벽부터 얘기해야 하는 것이 맞는 순서이고 현실적인 것은 아닌지? 이런 질문이 끊임없이 떠올랐다. 그러나 한 가지는 분명하다. 기하급수적 변화의 시대인 지금 3차 산업혁명 시대의 프레임을 가지고 미래와 청년의 문제를 보는 것이 의미가 없다는 것이다. 4차 산업혁명 시대라는 미래의 틀에서 지금을 보고 지방 소멸의 문제와 청년의 문제를 다루어야 한다.

2022년 9월
전창록

서문

밀레니얼에게 로컬은 어떻게 인식되는가

밀레니얼 세대에게 지방은 어떻게 인식될까?

유튜브 채널 중「오느른」을 본 적이 있는가? 오늘을 사는 어른의 줄임말인 '오느른'이란 제목의 이 채널은 MBC의 최별 PD가 시골살이 하는 생생한 모습을 10여 분 정도 담은 연재물이다. PD가 전북 김제의 115년 된 폐가를 사서 하나둘씩 손봐가며 터 잡아나가는 모습이 재미있다. 한국일보 기사에 따르면 연재를 시작하던 당시 31세였던 담당 PD는 "솟구치는 퇴사 욕구에 진짜 충동적으로 집부터 샀습니다."라고 말했다. 일단 집부터 사고 나서 고민을 시작했다는 것이다.

"이걸로 뭘 할까?"

그는 고민 끝에 콘텐츠로도 가치가 있겠다 싶어 회사에「오느른」 기획안을 제출했고 기존 유튜브 콘텐츠의 특징인 B급 성향과 빠른 편집 대신 풀색, 하늘색, 흙색 등 자연의 색이 화면을 가득 채웠다. 그러자 지금껏 나온 것과는 다른 힐링 다큐라는 평가가 쏟아졌다. 이 채널은 2021년 9월 기준 구독자 30만 명을 보유한 MBC의 대표 라이프스타일 유튜브 채널로 떠올랐다.

청년이라고 해서 무작정 지방을 떠나는 게 아니다. 청년도 대도시로 탈출하는 것만이 아니라 거꾸로 돌아오기도 한다. 여러 선행 연구에 의하면 청년이 지방에 정착하는 과정은 '탐색 – 이주 – 정착'의 3단계를 거친다고 한다. 탐색기는 가벼운 교류나 체험을 통해 지방의 존재를 알고 지역살이 정보를 얻거나 경험하는 단계이다. 이주기는 특정 지역에 이주하여 주거지를 옮기고 생활하는 단계로 아직 이동의 여지가 있는 단계이다. 그리고 마지막 정착기는 해당 지역의 주민이 되어 정착하는 단계이다.

"난 견디지 못하고 떠나왔다."

청년이 지방에 정착하는 과정과 정확하게 일치하지는 않지만, 2018년에 동명의 일본 만화를 영화화한 「리틀 포레스트」의 첫 장면에 나오는 말이다. 고향 집으로 돌아온 혜원은 여느 청춘이 그렇듯 아등바등 살아온 인생이다. 편의점 야간 아르바이트를 하며 악착같이 공부했건만 임용고시에서 떨어졌다. 그녀는 몸도 마음도 망가져 쓰러지기 직전이 돼 고향 집으로 돌아왔다. 고향의 사계절과 친구들이 그녀를 반긴다. 항상 허기졌던 서울과 달리 고향은 먹을거리도 인심도 넉넉하다. 그녀는 막걸리, 김치전, 배추전, 콩국수, 단밤, 홍시, 그리고 오코노미야키를 손수 해 먹으며 떠나버린 엄마를 추억한다.

그러나 영화는 영화일 뿐이다. 영화 속 혜원의 시골은 사실 현실의 공간이 아니다. 임순례 감독은 '리틀 포레스트'라는 제목에 대해 "어떤 농촌의 이야기가 아니라 힐링의 공간으로 저마다 작은 숲이 필요한 우리 모두의 공간"이라고 말했다. 목포에서 괜찮아마을을 운영하는 홍동우 대표도 「리틀 포레스트」를 언급하면서 "오늘의 우리 청년들에게는 리틀 포레스트의 혜원처럼 돌아갈 집과 반겨줄 친구와 그리고 엄마가 묻어 놓은 열무김치가 없다."라고 이야기했다. 영화에서 혜원의 고향은 마음속 이상향일까? 케렌시아처럼 말이다.

김난도 교수는 『트렌드 코리아 2018』에서 '케렌시아$_{Querencia}$'를 소개했다. 혜원에게 고향 집은 케렌시아였다. 케렌시아는 '바라다'라는 뜻의 동사 '케레르$_{querer}$'에서 나온 단어로 피난처, 안식처, 귀소본능, 귀소본능의 장소 등을 의미하는 스페인어다. 투우장의 소가 마지막 일전을 앞두고 숨을 고르는 자기만의 공간에서 유래됐다. 소가 본능적으로 자신의 피난처로 삼은 곳이다. 투우사는 케렌시아 안에 있는 소를 공격해서는 안 된다. 소는 케렌시아에서 충분히 휴식을 취하고는 마지막 결전을 위해 나선다. 2018년의 「리틀 포레스트」에서 혜원의 시골은 케렌시아로, 도시로 돌아가기 위한 쉼의 공간으로서의 지방이었다.

유튜브 채널 「오느른」에서 소개되는 지방은 다르다. 가상의 힐링 공간이 아니다. 「오느른」은 『트렌드 코리아 2022』에서 올해의 트렌드로 소개한 '러스틱 라이프'의 대표적인 사례로 꼽혔다. 책에 따르면 러스틱 라이프는 '날것의 자연과 시골 고유의 매력을 즐기며 도시 생활에 여유와 편안함을 부여하는 시골형 라이프스타일'을 말한다. 듣는 연구소에 의하면 관계, 생계, 공간, 정서의 4가지 요소에 의해서 탐색기, 이주기, 정착기의 각 단계가 결정된다고 한다. 이 중 이주기는 적응과 생존에 필요한 관계 얻기와 생계를 위한 일이 있고 지역에 존재하기 위한 공간이 있고 환대의 분위기가 있는 걸 기준으로 한다고 했다. 그 기준에 의하면 「오느른」의 최 PD는 이주기에서 정착기로 넘어가는 단계라고 할 수 있다.

유튜브 채널 「오느른」의 최 PD에 따르면 이제 지방은 「리틀 포레스트」의 혜원이 거주했던 가상의 힐링 공간이나 도피처로만 인식되지 않는다. 이제 많은 밀레니얼이 이주와 정착을 고민하는 현실적인 대안의 공간으로 자리잡았다고 한다. 지방으로의 이주가 도피처가 아닌 하나의 라이프스타일로 인식되고 있다는 것이다. 그래서 「오느른」의 이름도 라이프스타일 유튜브 채널이다. 또 언급하고 싶은 것은 이런 라이프스타일이 가능하게 된 바탕에는 초연결 시대라는 시대적 특성과 기술의 개발도 한몫했다는 점이다. 카메라 감독이 김제로 내려와 촬영하고 최 PD가 받아서 편집한 뒤 원격으로 서울 MBC에 올리는 시스템이다.

경북 상주에 상주공간이라는 카페가 있다. 전망과 분위기 그리고 맛있는 식음료로 상주의 핫플레이스로 소문이 나 있다. 서울 마켓컬리에서 MD를 하던 상주 출신 청년인 이민주와 이민이 자매가 내려와 만든 곳이다. 이 청년은 기존 상주공간에 더해 최근에는 버려진 찜질방을 새롭게 단장해 명주정원이라는 공간으로 만들어 오픈했다.

최 PD나 상주공간의 이민주와 이민이 자매처럼 이제 밀레니얼들이 귀향하고 있다. 그렇다면 지방 도시는 지금 어떤 일을 해야 할까? 기업을 많이 유치해야 할까? 집을 더 많이 지어야 할까? 그보다 우리 도시만의 '다움'을 만들고 그 '다움'을 강화할 로컬 크리에이터를 양성해서 작고 가볍게 시작할 수 있도록 해주라고 말하고 싶다. 그 이유는 다음과 같다.

첫째, 밀레니얼들은 소유보다 경험을 통해 행복을 느끼는 세대이다. 밀레니얼들은 차별화된 경험과 여기에서만 느낄 수 있는 경험을 좋아한다.

둘째, 지역의 '다움'을 체감할 수 있는 라이프스타일을 만들어줄 수 있는 창의적 소상공인인 로컬 크리에이터가 필요하다. 밀레니얼들은 소비를 통해 내가 누구인지를 확인하는 가치 소비에 민감하다. 그들은 라이프스타일이 반영된 나다움이 있는 제품과 공간에 민감하게 반응한다. 지역의 다움과 개인의 재능이 결합된 창조적인 제품과 공간을 만들어내는 로컬 크리에이터들을 양성해야 한다. 그들이 도시와 지역을 밀레니얼들에게 매력적인 라이프스타일 공간으로 변모시킬 것이다.

셋째, 밀레니얼들은 경험의 확대를 위해 이동하는 삶을 좋아한다. 그래서 디지털 네이티브와 결합해 디지털 노마드라고 부르기도 한다. 처음부터 정주의 부담을 주기보다는 관계 맺기나 정기적 교류를 통해 정주로 나아갈 촘촘한 관계 강화의 사다리를 만들어놓고 스스로 그 사다리를 밟고 올라오기까지 기다려야 한다. 경상북도의 청년 정착 프로그램이 '도시 청년 시골 파견제'라는 넛지스러운 이름을 가지게 되었던 이유이다. 최근 지자체마다 일주일 살기나 한 달 살기 프로그램이 늘어나는 이유이기도 하다.

  그러나 이것들이 일회성 이벤트로 끝나서는 안 된다. 공유 모빌리티, 공유 주거, 공유 오피스와 같은 공유 경제 인프라의 준비는 사다리의 첫 번째 계단이 아닐까? 골목길 경제학자 모종린 교수는 "밀레니얼 세대는 기성세대와 달리 로컬을 시골 변두리 지방이 아닌 혁신과 라이프스타일 장소로 여긴다."라고 이야기한다. 김난도 교수는 코로나19가 바꾼 것은 변화의 방향이 아닌 변화의 속도라고 했다. 밀레니얼의 지방 이주나 정착은 방향이었다. 그러나 유튜브 채널「오느른」에서 지방의 의미는 다르다. 그곳이 이주와 정착의 대상으로 소개된 것은 바로 코로나19가 바꾼 변화의 속도와 관계가 있다. 반면에「리틀 포레스트」의 혜원에게 지방은 도피처나 탐색 정도의 대상에 불과했다.

  한번 진행된 변화는 되돌아가지 않고 속도는 점점 더 앞으로 빨라질 것이다. 청년들은 이미 내려오고 있고 또 돌아올 생각도 의지도 있다. 그런데 우리는『성경』의 돌아온 탕자의 아버지처럼 버선발로 뛰어나가 그들을 맞이할 준비가 되어 있을까? 우리는 그들을 내려오게 하기 위해 무엇을 준비해야 할까. 로컬 크리에이터와 그들의 역할에 대한 우리의 기대와 그들이 원하는 우리의 역할에 대해 같이 모색해보자.

차례

들어가며 어떻게 지방 소멸을 막고 젊은이들을 돌아오게 할 것인가 5
서문 밀레니얼에게 로컬은 어떻게 인식되는가 14

1장 로컬 도시
어떻게 로컬만의 개성이 있는 도시를 만들 것인가 • 25

1. 우리는 어떤 로컬 도시에서 살고 싶은가 27
   로컬이라는 공간적 제한이 사라진다 • 27
   직·주·락의 외곽 커뮤니티가 뜬다 • 29

2. 개성과 문화가 청년들을 불러들인다 32
   포틀랜드는 어떻게 라이프스타일 선도 도시가 됐는가 • 33
   오스틴은 어떻게 라이브 뮤직 도시이자 성지가 됐는가 • 35
   라이프스타일 비즈니스는 어떻게 만들어지고 성장하는가 • 37
   밀레니얼들이 살고 싶어하는 도시를 만들어야 한다 • 39

3. 살고 싶은 곳에서 하고 싶은 일을 한다 44
   말뫼는 어떻게 젊은이들의 스타트업 도시가 됐는가 • 45
   볼더는 어떻게 스타트업 생태계를 구축할 수 있었는가 • 47
   꾸리찌바는 어떻게 교통 문제와 환경 문제를 해결했는가 • 47
   로컬 시민이 '살고 싶은 곳'을 만드는 중심이 돼야 한다 • 49

4. 로컬 도시만의 '다움'이 있어야 한다 55
   젊고 매력적인 도시는 어떻게 만들어지는가 • 56
   도시 정체성이 새로운 라이프 스타일을 만든다 • 58
   순천은 어떻게 순천만의 정체성을 살릴 것인가 • 60

2장 로컬 소상공인
어떻게 창의적 로컬 크리에이터 소상공인이 될 것인가 • 65

1. '나다움'이 라이프스타일이 된다   67
   - 나노 사회가 되면서 '나다움'이 더 중요해졌다 • 68
   - 부캐 전성 시대에는 진짜 '나다움'이 더 요구된다 • 70
   - 고객 한 명의 꿈과 욕망을 제대로 깊이 알아야 한다 • 73
   - 90년대생 고객들은 기존 고객들과 무엇이 다른가 • 75

2. '나다움'만큼 '기업다움'도 중요하다   79
   - 해녀의부엌은 어떻게 로컬 콘텐츠로 감동을 만들었는가 • 80
   - 마켓컬리는 어떻게 가치가 드러나는 서비스를 제공했는가 • 83
   - 배달의민족은 어떻게 안과 밖이 투명한 문화를 만들었는가 • 85
   - 파타고니아는 어떻게 일관성 있게 환경보호를 추구했는가 • 87

3. 지역만의 다움으로 장소애를 만들어라   91
   - 상주공간은 어떻게 상주의 로컬 콘텐츠를 담았는가 • 91
   - 능햇은 어떻게 성주에서 젤라또 아이스크림을 팔게 됐는가 • 99

4. 한 명을 매개로 전 지구인을 연결하라   108
   - 초연결 사회에서는 고객이 연결이다 • 109
   - 고객 한 명이 네트워크이고 콘텍스트다 • 113
   - 고객을 참여시키고 머무르게 해야 한다 • 116

5. 고객을 왕이 아닌 팬으로 만들어라   122
   - 어떻게 4번의 고객 접점 순간에 고객을 팬으로 만들 것인가 • 124
   - 애플은 어떻게 4번의 고객 접점을 감동의 순간으로 설계했는가 • 126

6. 로컬이 라이프스타일 브랜드가 된다   131
   - 양양의 서피비치는 어떻게 서핑의 명소가 됐는가 • 132
   - 블루보틀은 어떻게 덕업일치의 대명사가 됐는가 • 134

7. 로컬과의 컬래버로 차별화하고 혁신하라　　137
　　산과보롬은 어떻게 영천에서 수제 초콜릿을 판매하게 됐는가 • 138
　　코리우드는 어떻게 경산에서 열대어와 수족관을 팔게 됐는가 • 145
　　화수헌은 어떻게 문경에서 게스트하우스를 하게 됐는가 • 153

3장 로컬 중소기업
어떻게 로컬 중소기업을 유니콘 기업으로 만들 것인가 • 159

1. 기하급수적 변화의 시대이다　　161
　　기술의 발달과 융합으로 세상이 급격히 바뀌고 있다 • 163
　　새로운 기업이 출현하는 캄브리아 모멘트가 온다 • 167
　　중소기업이라는 생각의 틀을 벗어나야 한다 • 169

2. 담대한 목표를 가져라　　173
　　거대한 변화를 일으킬 담대한 목표를 가져라 • 174
　　담대한 목표는 그 자체로 혁신을 촉진한다 • 176

3. 외부 자원을 활용하라　　178
　　크라우드소싱 경진대회를 통해 아이디어를 얻어라 • 181
　　크라우드소싱 커뮤니티로 폭발적 성장을 할 수 있다 • 183
　　어떻게 매일 매일 새로워질 것인가를 고민한다 • 188

4. 추격이 아니라 개척자가 되라　　191
　　한 명의 인재가 아닌 어벤저스 팀을 만든다 • 192
　　느린 성공이 아니라 빠른 실패를 지향한다 • 195
　　조직의 시선을 내부가 아닌 외부로 돌려라 • 197

5. 플랫폼 기업으로 변신해야 한다　　199
　　기존 기업도 플랫폼 기업으로 전환해야 한다 • 201
　　제조 기업 GE는 어떻게 플랫폼 기업이 됐는가 • 204
　　농기계 기업 존디어는 어떻게 플랫폼 기업이 됐는가 • 206

샤오미는 어떻게 플랫폼 생태계를 구축했는가 • 208
스타벅스는 어떻게 플랫폼 기업이 됐는가 • 210

4장 로컬 생태계
어떻게 로컬 크리에이터 생태계를 만들 것인가 • 215

탈물질주의 라이프 스타일이 온다 217
도시 청년이 로컬에서 불꽃이 될 수 있다 • 220
청년을 로컬 크리에이터로 육성해야 한다 • 222

로컬 크리에이터 생태계를 구축하라 228
집토끼와 산토끼 중 누가 로컬 크리에이터가 되는가 • 229
로컬 콘텐츠를 발굴하고 사업화하는 것이 중요하다 • 232
로컬 생태계에서 정부, 지자체, 공공기관의 역할은 무엇인가 • 240

나가며 청년의 라이프스타일 모험이 지방을 살린다 247

미주 • 250
참고문헌 • 252

1장 로컬 도시

: 어떻게 로컬만의 개성이 있는 도시를 만들 것인가

1
우리는 어떤 로컬 도시에서 살고 싶은가

로컬이라는 공간적 제한이 사라진다

2021년 5월 구찌는 메타버스 서비스 로블록스에 '퀸 비 디오니소스'라는 가방을 판매했다. 브랜드 특유의 무늬 위에 별 모양이 박힌 가방이다. 로블록스 내 공식 판매가는 5.5달러(약 6,500원)였다. 구찌는 이 가방을 한정판으로 팔았다. 사건이 화제에 오른 건 그다음이다. 사람들이 가방을 리셀(재판매)하면서 한마디로 난리가 났다. 중고 시장 역할을 하는 온라인 앱스토어에서 한정판 가상 구찌 가방은 4,115달러(약 500만 원)에 팔렸다. 판매가의 800배에 달하고 가상 가방의 모델이 된 '실제' 가방 가격보다도 80만 원 비싼 값이다.

나이키는 최근 가상 의류 전문 플랫폼 RTFKT를 인수했다. 여러 아티스트들이 만든 3D 가상 운동화와 패션 아이템을 판매하는 곳이다. 랄프로렌, 루이비통, 발렌시아가 등 널리 알려진 패션 브랜드들은 앞다투어 가상 의류 시장에 참전하는 모양새다. 만질 수도 볼 수도 없는 제품이 실제 가치를 창출하고 있다.

2021년 10월 페이스북은 회사 이름을 메타로 바꾸고 메타버스에 대한 비전을 발표했다. 비전을 발표한 1시간 10분짜리 동영상에서 마크 저커버그Mark Zuckerberg는 시간과 공간을 초월한 실감 나는 메타버스 세상에서 우리의 생활, 일, 엔터테인먼트, 교육 등이 어떻게 바뀔지를 보여주며 메타의 비전을 발표했다. 메타버스에 대해서는 여러 의견이 있다. 그중 가장 많은 의견은 코로나19에 대한 반사 작용으로 사람들이 메타버스에 열광하는 것뿐이라는 의견이다. 메타버스가 과거 리니지의 가상세계나 세컨드월드와 얼마나 다르냐고 회의적으로 바라본다. 그러나 마크 저커버그가 보여준 실감이 구현된다면 정말로 전혀 다른 또 하나의 세상이 열린다는 확신을 가질 수 있을 것이다.

우리는 애플이 스마트폰 생태계를 만들기 전에는 일상이 이렇게 바뀔 줄 몰랐다. 2017년 자료이긴 하지만 초중고 학생들의 스마트폰 사용량은 주당 36.2시간이었다. 하루 평균 5시간 이상을 스마트폰 사용에 할애하는 것으로 조사됐다. 수업 시간과 수면 시간을 제외한 대부분의 시간을 스마트폰과 함께하고 있다. 메타버스에서 10대들은 이미 하루 2시간 반을 보낸다는데 정말 메타의 비전과 같은 세상이 온다면 우리는 얼마나 가상세계에 머무르게 될까?

직·주·락의 외곽 커뮤니티가 뜬다

힙스터비아라는 말을 들어 봤는가? 2020년 9월 어반랜드연구소 ULI, Urban Land Institute 와 PwC가 공동으로 발표한 「2020년 미국 이머징 부동산 트렌드 리포트」에서 2020년 키워드 중 하나로 힙스터비아를 꼽았다. 힙스터비아는 힙스터들, 즉 밀레니얼들이 살고 일하고 놀 수 있는 활기찬 외곽 커뮤니티를 이르는 말이다. '직장$_{work}$' '주거$_{live}$' '오락$_{play}$' 모두를 동시에 충족할 수 있는 힙스터들이 선호하는 공간을 얘기한다. 미국의 힙스터비아와 같은 개념이 한국에서는 직$_{Work}$·주$_{Live}$·락$_{Play}$으로 사람들 입에 오르내리고 있다. 이러한 단어들이 사람들의 입에 오르내리는 이유는 뭘까? 과거에는 사람들이 직을 중심으로 나머지를 희생했다고 하면 이제는 이 3가지를 동시에 만족시킬 수 있는 지역을 찾는다는 것이다. 즉 직 중심의 라이프스타일이 이제는 변하고 있다는 것이 힙스터비아나 직·주·락과 같은 단어가 등장한 이유이다.

4차 산업혁명 시대의 자율주행차, 드론, 메타버스 등은 거리와 시간의 개념을 변화시킬 게 분명하다. 빅데이터, 인공지능, 로봇으로 대변되는 4차 산업혁명이 본격화되면 우리의 일하는 시간은 점점 더 짧아질 것이고 많은 부분 재택근무로 대체될 것이다. 그동안 위성도시에서 한두 시간씩 걸리는 출퇴근 시간은 육체적으로도 힘들고 버리는 시간이었다. 그래서 직$_{work}$에 맞추어 주$_{live}$와 락$_{play}$을 희생하는 시간이었다. 그러나 자율주행차로 이동한다고 하면 그 시간은 온전히 나만의 생산성이 가장 높은 시간 또는 엔터테인먼트의 시간일 수 있다. 이제 2시간 정도의 거리는 아주 가까운 거리가 될 것이다.

4차 산업혁명이 본격화되면 될수록 시간과 공간에 대한 우리의 개념은 절대적인 것에서 상대적인 것으로 바뀐다. 4차 산업혁명은 개인 중심의 라이프스타일을 더욱 확산하고 일과 장소의 분리도 가속화할 전망이다. 이번 코로나19 팬데믹은 이런 변화의 속도를 더욱 재촉하였다. 지금도 10대들은 하루에 2시간 30분을 메타버스인 로블록스에서 보낸다고 한다. 앞에서도 말했듯이 자율주행차를 타고 출퇴근하는 직장인도 앞으로 2시간 정도를 운전이 아닌 다른 활동으로 보낼 수 있다.

이 장에서는 바로 이미 주와 락이 중심인 도시인 포틀랜드, 오스틴, 말뫼 등 외국 사례와 한국의 사례를 보려고 한다. 주 중심의 도시는 삶의 질을 추구한다. 친환경 도시의 비전을 위해서는 탄소 배출량을 줄일 수 있는 자전거나 대중교통을 기반으로 한 걷는 도시를 만들어야 한다. 꾸리찌바는 대중교통 시스템을 개선하고 세계 최대 1킬로미터에 이르는 보행자 전용 공간을 만들어 시민들을 걷게 했다. 말뫼는 재생에너지 사용 비율을 높이고 자전거의 교통 분담률을 45퍼센트까지 올렸다.

락은 다양성과 개성이 있는 도시를 이야기한다. 세계 라이브 뮤직의 수도로 출발해 사우스 바이 사우스웨스트$_{SXSW}$ 축제를 통해 창조도시로서 정체성을 가진 오스틴처럼 발전하거나 일상이 스포츠라는 나이키, 독립 서점, 커피, 자전거 등 라이프스타일 브랜드의 다양성을 통해 포틀랜드처럼 도시의 개성을 만드는 것이다. 직 중심의 우리의 라이프스타일의 해체는 이미 시작되었다. 모종린 교수가 저서 『머물고 싶은 동네가 뜬다: 온라인이 대체할 수 없는 로컬 콘텐츠의 힘』에서 얘기한 것처럼 이제 밀레니얼들이 좋아하는 공간은 선택 기준은 주와 락 중심이 될 것이다. 밀레니얼들은 살고 싶은 곳에서 하고 싶은 일을 하기를 원한다.

2
개성과 문화가 청년들을 불러들인다

도시의 문화와 개성이 어떻게 지역을 살리는지에 대한 사례인 미국의 지방 도시 오스틴과 포틀랜드를 살펴보고자 한다. 오스틴과 포틀랜드는 여러 가지 공통점이 많지만 가장 눈에 띄는 것은 같은 표어를 쓴다는 것이다. "오스틴을 괴짜스럽게Keep Austin Weird" "포틀랜드를 괴짜스럽게Keep Portland Weird"가 그것이다. 원래 오스틴에서 먼저 사용했던 표어다. 이제는 비공식 표어처럼 포틀랜드도 적극적으로 사용하고 있고 그 결과 도시 곳곳에서 이 표어를 볼 수 있다. 둘 다 도시의 개성을 강조하는 얘기이다. 세상 어디에도 없는 '포틀랜드만의 무엇' '오스틴만의 무엇'이 있다는 것이다.

포틀랜드는 어떻게 라이프스타일 선도 도시가 됐는가

포틀랜드는 미국 오리건주 북서쪽의 인구 60만 명의 도시이다. 이 도시는 지속가능성의 측면에서 1970년대 확장이 아닌 압축 도시 형태로의 개발을 선택함에 따라 외연이 아닌 도시 내부 개발에 치중하면서 촘촘한 격자 형태의 도로망이 갖춰지게 된다. 그 결과 다른 미국 도시와 달리 대중교통망이 발달하고 도보 중심의 생활권을 형성하였다. 걸어서 20분 거리에 생활, 여가, 문화생활을 위한 모든 장소가 오밀조밀 모여 있어 하루 대부분의 시간 동안 활기가 유지되는 도심을 만들었다. 이는 스트리트 상점들을 활성화시키는 계기가 되었다. 이 스트리트 상점들을 중심으로 라이프스타일을 선도하는 다양한 로컬 브랜드가 생겨났고 도시에 개성을 더하였다.

포틀랜드는 인구당 레스토랑 수가 가장 많은 도시이고 작은 카페와 제철 싱싱한 재료로 음식을 파는 푸드 트럭만 600개에 달할 정도로 미국 최고의 푸드 시티이다. 맥주의 비어Beer와 낙원의 니르바나Nirvana를 합친 '비어바나'란 말이 있을 정도로 수제 맥주의 성지라고도 불린다(실제 100개에 가까운 맥주 양조장이 있을 정도이다). 시민들은 자전거, 대중교통, 로컬 푸드를 선호한다. 메이커스 운동[1]을 통해 소비보다는 경험을 중시하는 라이프스타일을 선호하여 이에 매료된 젊은 층이 계속해서 이주해오고 있다. 처음에는 포틀랜드의 한적한 자연과 개성 있는 라이프스타일을 누리고 싶어 정착하지만 곧 동료를 발견하고 함께 새로운 창업을 하게 된다.

포틀랜드의 소상공인들이 이렇게 번창하는 데는 두 가지 이유가 있다. 첫 번째는 이들을 둘러싼 생태계이다. 건축도시공간연구소 마을재생센터 윤주선 센터장에 의하면 생태계는 호혜성, 연계성, 자발성에 의해 활성화된다. 호혜성은 먼저주기Give First와 같이 먼저 베푸는 행위를 의미하고 연쇄성은 상호 행위가 멈추지 않고 연쇄 반응을 일으키는 것을 의미한다. 자발성은 주체의 행위가 일이 아닌 놀이와 재미의 일부가 되어 자생력을 가지는 것을 의미한다. 이 세 가지가 잘 활성화된 것이 포틀랜드 소상공인의 생태계이다. 두 번째는 2006년 월마트 매장의 진입을 저지하는 바이 로컬Buy Local 운동으로 대변되는 독립 상점들을 보호하려는 시민운동이다. 이 운동은 삶의 질, 다양성, 개성을 중요시하는 포틀랜드의 힙스터 전통과도 맥이 닿아 있다.

포틀랜드는 원래 히피들의 성지로 최근에는 힙스터의 도시로 유명하다. 힙스터는 대중성과 유행을 따르지 않고 본인들만의 독립적인 생각, 비주류, 자신들만의 독특하고 개성 있는 패션 또는 잘 알려지지 않은 패션 브랜드 등을 가치 있게 여기는 사람들을 일컫는 말로 '포틀랜드를 괴짜스럽게'도 바로 이들의 생각을 대변한다고 할 수 있다. 원래 포틀랜드에는 샌프란시스코에서 넘어온 히피들의 전통이 있었고 이것이 오늘날에는 힙스터의 도시로 포틀랜드를 자리매김한 듯하다. 이들이 개성 삶의 질 다양성 등을 선호하다 보니 포틀랜드만의 라이프스타일이 만들어졌다.

오스틴은 어떻게 라이브 뮤직 도시이자 성지가 됐는가

1998년 7월 MBA 유학을 위해 오스틴에 도착한 첫날을 잊을 수 없다. 40도가 넘는 더위와 시차로 인해 낮 동안은 비몽사몽이었는데 저녁에 선배들이 환영회를 한다고 라이브 뮤직바를 데리고 갔다. 다들 서서 맥주를 마시는 아주 시끄러운 곳이었는데 옆에 있는 카우보이처럼 생긴 미국인이 나에게 어디서 왔냐고 물었다. 한국에서 왔고 오늘이 미국 도착 첫날이라고 하니 자기가 한 잔 사겠다며 맥주를 샀다. 맥주를 마시면서 그가 나에게 미국의 국가가 뭔지 아느냐고 물어서 잘 모르겠다고 했다. 그랬더니 그는 빌리 조엘Billy Joel의 「피아노 맨」이라며(나중에 알고 보니 별도의 국가는 있었다.) 바에서 노래하는 사람에게 「피아노 맨」을 신청했다. 그러자 신기하게도 그 바에 있는 모든 사람이 그 노래를 '떼창'했다. 그때 이후로 한참 동안 나의 18번은 「피아노 맨」이었다. 내가 갔던 바는 6번가라는 오스틴의 유명한 라이브 뮤직 거리에 있는 바였고 졸업 때까지 그 거리를 많이 헤맸던 기억이 있다. 나에게 오스틴은 라이브 뮤직의 도시였다.

오스틴은 미국 중남부 텍사스의 주도이고 인구는 약 96만 명이다. 특색 있는 로컬 업체들을 오스틴으로 자꾸 들어오려는 대기업으로부터 지켜내자는 의미로 '오스틴을 괴짜스럽게'를 구호로 하는 텍사스 주립대학교가 있는 교육의 도시이기도 하다. 대학의 양질의 인재로 인해 델 컴퓨터 본사, 오라클, 삼성, 인텔 등 많은 IT 기업들이 있고 실리콘밸리에 빗대어 실리콘힐스로 불리기도 한다. 또한 6번가라는 라이브 뮤직 거리를 가지고 있는, 컨트리 뮤직의 본거지이기도 하다. 세계 라이브 뮤직의 수도를 도시의 정체성으로 삼고 시 정부도 음악 등 문화 산업을 적극적으로 후원하다 보니 뮤지션 등 예술가들이 많아서 도시 전체에 강한 히피의 문화적 유산이 존재한다. 이것이 포틀랜드처럼 '오스틴을 괴짜스럽게'를 지지하는 힙스터들이 많은 이유이기도 하다.

뮤직과 관련 1987년 사우스 바이 사우스웨스트라는 음악 축제를 시작했는데 오늘날 2019년 기준 53만 명이 참가하는 세계 최대의 창조 콘텐츠 축제로 성장했다. 사우스 바이 사우스웨스트SXSW, South By South West의 뜻은 알프레드 히치콕Alfred Hitchcock 영화 「북북서로 진로를 돌려라」 패러디로 오스틴이 위치한 '남남서쪽South By South West'을 주목하라'라는 의미이다. 즉 사우스 바이 사우스웨스트 핵심은 미국 남남서쪽에 있는 오스틴의 지역 한계성을 극복하고 창조성을 외부로 알리기 위해 전 세계 사람들을 초대하는 것이다. 오스틴은 문화 생태계가 창조 산업 발전과 지역 정체성 강화에 중요함을 일찍 깨닫고 문화 생산이 지속 가능한 환경을 만드는 데 주력했다. 특히 문화가 가진 상호연결성과 문제해결력을 혁신 도구로 활용해 도시 잠재력을 끌어올렸다.

라이프스타일 비즈니스는 어떻게 만들어지고 성장하는가

라이프스타일은 생활양식 또는 삶의 패턴이라고 할 수 있지만 그 사람을 관통하는 가치관이 투영된 삶의 패턴이기에 일관성과 지속가능성이 있다. 라이프스타일 비즈니스는 바로 이 개인의 라이프스타일, 즉 앞에서 얘기한 로컬 크리에이터 개인의 '다움'이 감동을 통해 '팬'을 만들고 그들에 의해 적정 수준의 매출과 손익을 통해 비즈니스로서 지속가능성을 담보할 수 있을 때 가능하다.

포틀랜드에는 코바 커피, 독립 서점 파웰북스, 자전거의 조우 바이크, 수제 맥주의 데슈트 브루어리 등과 같은 미국 전역에 알려진 많은 라이프스타일 브랜드들이 있다. 그러나 포틀랜드의 대표적인 라이프스타일 브랜드는 1964년에 만들어진 나이키다. 창업주 필 나이트Phil Knight의 고향이기도 한 포틀랜드는 아웃도어 액티비티를 하기에 미국에서 가장 적합한 도시이다. 일상이 운동이고 이를 통해 건강한 삶을 지향하는 포틀랜드의 라이프스타일이 바로 나이키의 라이프스타일이 되고 모토인 '저스트 두 잇Just Do It'으로 함축된다.

홀푸드는 아마존에 인수되면서 널리 알려졌다. 하지만 많은 한국 사람들은 아직 홀푸드를 잘 모르는 것 같다. 홀푸드는 1980년 오스틴에서 시작되었고 2021년 기준 약 500여 개의 점포를 운영하는 유기농 제품 슈퍼마켓으로 '홀푸드 홀피플 홀플래닛Whole Food Whole People Whole Planet'을 모토로 하고 있다. 주류 문화를 거부하고 대안적 삶과 친환경 삶을 사는 히피의 전통이 강한 오스틴에서 히피였던 창업자들에게 유기농 슈퍼마켓 홀푸드는 자연스러운 선택이었다고 한다. 그 후 유기농 식품 선호 트렌드가 외모와 건강미를 중시하는 고소득 전문 직장인들의 여피Yuppi 라이프스타일과 맞아서 유기농 식품 선호 트렌드는 자연스럽게 주류 문화로 편입되고 홀푸드도 폭발적으로 성장할 수 있었다.[2]

나이키와 홀푸드의 사례를 보면서 라이프스타일 비즈니스의 몇 가지 특징을 볼 수 있을 것 같다. 첫째, 라이프스타일 비즈니스는 그 비즈니스적 지속가능성으로 인해 도시에 다양성과 개성을 더한다는 사실이다. 포틀랜드와 오스틴의 개성과 다양성 그리고 그로 인한 삶의 질은 바로 라이프스타일 브랜드에 의해 강화되고 다시 도시의 이런 특징이 더 많은 라이프스타일 브랜드를 탄생시킨다. 이렇게 이들 간 연계성과 호혜성으로 인해 로컬 크리에이터 생태계가 발전한다.

둘째, 라이프스타일 비즈니스는 본질적으로 팬에 의해 지속하고 발전하는 비즈니스라는 것이다. 라이프스타일 비즈니스는 처음부터 기업이 가진 철학이나 라이프스타일을 제안하고 경험하고 공감한 고객들이 '팬'이 되어 자연스럽게 해당 기업을 주변에 알리면서 성장한다. 특히 오늘날 초연결 시대에 팬에 의한 라이프스타일의 공유는 빛의 속도로 온 세상으로 퍼진다. 초연결 시대를 맞아 라이프스타일 비즈니스는 과거보다 훨씬 더 빨리 성장할 수 있게 되었다.

셋째, 라이프스타일 비즈니스는 태생적으로 변방에서 비주류로 시작한다. 그러나 이 변방의 라이프스타일이 주류로 되는 순간 홀푸드의 사례처럼 비즈니스는 큰 노력 없이 폭발적으로 성장할 수 있다.

그러나 이때가 비즈니스가 취약해지는 순간이 되기도 한다. 팬덤은 본질적으로 나만이 안다는 독점Exclsivity과 동일한 감정을 가진 사람이 많다는 동질감으로 인한 편안함의 포용Inclusivity 사이의 균형에서 성장한다. 우리는 많은 라이프스타일 비즈니스가 주류로 편입하면서 이 균형을 잃고 팬들이 떠나면서 빠르게 사라졌던 것을 알고 있다.

밀레니얼들이 살고 싶어하는 도시를 만들어야 한다

이 책의 가장 큰 목적은 4차 산업혁명 시대 밀레니얼이 돌아와서 지방 활성화의 해법을 모색하는 데 있다. 포틀랜드의 지난 20년 인구를 보면 2000년 52만 명, 2010년 58만 명, 2017년 64만 명으로 증가하고 있다. 그중 노동 참여 인구(18세~64세)의 비중도 2010년 60.3퍼센트에서 2017년 62퍼센트로 도시는 조금씩 젊어지고 있다. 오스틴 지역의 인구도 2009년에서 2019년 사이 32.4퍼센트 성장했으며 같은 기간 텍사스 인구 증가율인 16.9퍼센트와 미국 전체 증가율인 6.9퍼센트를 크게 상회하고 있고 젊어지고 있다고 한다. 왜 이 두 도시에는 청년들이 유입되는가? 오스틴의 케빈 존스Kevin Johns 경제개발국장은 이렇게 얘기한다.

"창조적인 인재들은 먼저 살 곳을 정한 다음에 일자리와 같은 경제적 문제를 해결한다."

일자리를 먼저 구한 뒤에 살 곳을 정하는 것은 옛날이야기라는 것이다. 지금 젊은 사람들은 즐길 수 있는 도시를 먼저 찾고 다음에 일자리를 구한다. 즉 살고 싶은 도시가 먼저이다. 그러면 살고 싶은 도시를 어떻게 만들 것인가?

밀레니얼들은 소유보다는 경험을 좋아한다. 그래서 내가 누구인지를 확인하는 라이프스타일이 반영된 나다움이 있는 제품과 공간에 민감하게 반응한다. 밀레니얼들을 끌어들이기 위해서는 먼저 도시의 '다움'이 있어야 한다. 오스틴은 라이브 뮤직의 세계 수도라는 '다움'을 가지고 문화 산업 장려 정책을 펴고 있다. 그리고 더 나아가 세계 최대의 창조 콘텐츠 축제인 사우스 바이 사우스웨스트를 열어서 '뮤직'이라는 로컬 콘텐츠를 영웅으로 만드는 등 도시를 매력적으로 만들고 있다. 포틀랜드는 어떤가. 힙스터의 성지, 개성, 다양성을 도시의 '다움'으로 삼고 이런 라이프스타일을 만드는 창의적 소상공인(로컬 크리에이터)들을 위해 압축 도시와 대중교통 중심의 도시 계획을 통해 이들을 보호하고 더 나아가 영웅으로 만들고 있다. 그들이 바로 포틀랜드를 매력적으로 만드는 사람들이다.

한국의 지방 도시들에서 안타까운 것은 도시의 '다움'을 지역 주민의 관점에서 찾지 않고 도시를 방문하는 사람들의 관점에서 찾는다는 것이다. 그러다 보니 '다움'을 차별화의 관점에서 찾으려 할 때가 많다. 하지만 '다움'은 비교나 차별화의 관점에서 나오는 것이 아니다. 오롯이 존재할 힘이어야 하고 시간이 흘러도 변치 않는 일관성을 갖춰야 한다.

차별화는 외부가 변하면 함께 변할 수밖에 없다는 측면에서 진정한 것이 아니다. 먼저 지역 주민이 매력적이라고 느끼고 좋아하고 살고 싶게 하는 '다움'을 찾아야 한다. 그 도시의 '다움'은 그 도시만의 지향이고 문화이다. 이런 문화를 구체화하고 체감하게 해주는 사람들이 바로 로컬 크리에이터들이다. 이 로컬 크리에이터들은 다시 라이프스타일 비즈니스를 통해 전국적 브랜드와 글로벌 브랜드로 커 나가는 것이다.

한때 쇠락했던 자동차 도시의 상징이었던 디트로이트는 새로운 도시의 '다움'을 찾아 부활했다. 더는 미래를 기대할 수 없다고 여겼던 디트로이트였기 때문에 다움을 통한 부활은 금세 주목을 받았다. 디트로이트의 부활을 이끌었던 시 경제개발기구 마크 딘센Mark Denson 부사장은 지난 2018년 10월에 있었던 『한경비즈니스』와의 인터뷰[3]에서 그 이유를 밝혔다. 그는 먼저 과거의 디트로이트 도시발전계획을 이렇게 설명했다.

"2008년 이전 디트로이트는 장기적인 인프라 투자를 유치하기 위해 '슈퍼볼'이나 '내셔널 풋볼 리그'와 같은 메이저 스포츠 게임을 활용했다. 국가적인 대형 스포츠 게임을 유치했고 그 과정에서 도로를 정비하고 공원을 지었다. 인근에 호텔이 들어섰고 상권이 살아났다. 이와 같은 메이저 이벤트가 TV를 통해 노출되면 더 많은 사람이 디트로이트로 몰려들어 이곳에 땅을 사고 새롭게 건물을 올렸다."

그러나 이어진 그의 말대로 2008년에 미국과 전 세계를 위기로 몰아넣은 금융 위기가 발생했다. 그는 이 위기를 미국에는 '감기'였다면 디트로이트에는 '독감'을 안겨다 주었다고 했다. 그다음 해인

2009년이 되자 제너럴모터스와 크라이슬러 등 디트로이트를 먹여 살리던 자동차 빅 3가 한순간에 파산으로 내몰렸다. 상황이 그렇게 되니 일자리는 금세 줄어들어 버렸고 도시의 인구 유출과 세수의 급감이 이루어졌다고 한다.

디트로이트 지방 정부는 2013년에 파산을 선언해야만 했다. 도시의 수입은 줄고 인구는 빠져나가는 지방의 미래는 암울하기만 했다. 마크 딘센의 말대로 당시 도시의 자산 가치는 형편없을 만큼 떨어지는데 그 끝이 보이지 않았다고 한다. 그러나 모두가 손을 놓고 있는 것은 아니었다.

"당시 우리가 고민한 것은 이것이었다. 그렇다면 이런 상황이 누구에게 기회가 될 수 있을까. 이 메시지가 누구에게 전달돼야 할까. 그래서 우리가 가장 먼저 바꾸기 시작한 것은 작은 가게들과 아주 작은 규모의 스타트업을 활성화하는 것이었다. 디트로이트 변화의 시작점이 됐다."

마크 딘센은 디트로이트 변화의 시작점을 작은 규모의 가게와 스타트업에서 찾았다고 한다. 그는 도시를 '큰 바닷속 생태계'로 비유했다. 바다에 많은 물고기가 모여들려면 우선 "바닷물이 잘 흘러갈 수 있는 깨끗한 환경을 만드는 것"이라고 했다. 그리고 그 비결로 "바닷속 수초(작은 가게)들이 풍성하게 자라나면 물고기도 자연스럽게 늘어난다."라고 덧붙였다. 자연스러운 생태계를 만든 것이 도시 회생의 한 수였던 셈이다.

"물고기가 많아지면 고래나 상어(대기업)도 뒤따라오게 마련이다.

이게 2010년 이후 디트로이트에서 일어난 경제적 변화입니다."

　몰락한 지방 도시가 누가 봐도 회생 불능으로 보였던 것은 과거의 시각과 선입견으로만 바라봤기 때문이다. 무작정 대기업과 공장을 유치해야 일자리를 늘릴 수 있고 도시를 유지할 수 있다는 것은 과거의 도시 발전 계획에서 한 치도 나아가지 못한 생각에 불과하다. 디트로이트는 생태계부터 만들었는데 사람이 모이면 자연스레 기업은 따라온다는 것을 보여줬다.

3
살고 싶은 곳에서 하고 싶은 일을 한다

　지금까지 오스틴과 포틀랜드 사례를 보았다. 여기서는 기하급수 기업들이 활성화시킨 도시의 사례를 보고자 한다. 다만 기하급수 기업이라는 말은 보통 명사는 아니다. 기하급수적 변화의 시대에는 기업의 크기가 아닌 변화 대응 속도를 기준으로 기업을 나누고 운영하는 게 필요하다는 것을 강조하는 의미이다. 또한 중소기업의 대척점에 서기 위한 의도적인 작명으로 기하급수 기업이라는 작명을 사용했다.

　기하급수 기업을 시총 기준으로 얘기한다면 유니콘 기업이라고 부를 수 있을 것이다. 좀 더 넓히면 '극심한 불확실성 속에서 기하급수적 성장을 추진하는' 기업이라는 정의에서는 스타트업이라고 부를 수 있을 것이다. 따라서 도시적 관점에서는 스타트업 커뮤니티 또는 스타트업을 통해 도시를 부활시키고 활성화한 사례들을 보고자 한다.

말뫼는 어떻게 젊은이들의 스타트업 도시가 됐는가

말뫼는 스웨덴 남부에 있는 도시로 한국과 인연이 깊은 곳이다. 우리 조선소나 주력 제조업이 쇠퇴하는 징후를 보이면 어김없이 신문의 헤드라인에 '말뫼의 눈물'이 언급되기 때문이다. 말뫼의 눈물은 말뫼를 대표하던 '골리앗 크레인'이 단돈 1달러에 팔린 사건을 말한다. 1970년대 코쿰스 조선소의 대형 크레인은 '세계 최대 조선소'를 상징했고 말뫼의 자부심이었다. 그런 코쿰스 조선소가 문을 닫은 1987년 이후로도 이 크레인은 오랫동안이나 무용지물이 된 채 그 자리에 그대로 세워져 있었다. 2003년 골리앗 크레인은 '단돈 1달러'에 한국의 현대 중공업에 팔렸다. 말뫼 사람들은 크레인이 해체돼 멀리 떠나는 모습을 눈물로 지켜봤다. 여기서 말뫼의 눈물이라는 말이 나왔다.

그러나 더는 말뫼의 눈물은 없다. 말뫼 시는 조선업 위기를 겪으면서 1990년까지 인구의 급감 시기를 거친다. 전체 일자리의 25퍼센트가 감소했다. 여기에 1980년대부터 시작된 해외 이주민들의 유입까지 겹쳐 한때 말뫼의 실업률은 22퍼센트에 달했고 도심 전반의 공동화와 쇠락으로 '브라운 시티 Brown City'라는 별칭으로 불리기도 했다. 그러나 전환 전략을 실행한 이후로 다시 인구가 많이 증가했다. 증가세는 스웨덴 평균보다 높았던 것은 물론이고 유럽 전체에서 가장 높은 수준이었다. 특히 연구개발, 금융, 사회 서비스 인력 등 고학력 인재들이 주로 유입되는 양상을 보였으며(Salonen, 2015) 그 결과 이 도시의 평균 연령이 36세다. 전체 인구의 대략 40퍼센트가 29세 미만인 유럽의 대표적인 '젊은 도시'로 거듭났다.

말뫼 시가 젊은 도시로 부활할 수 있었던 것은 크게 두 가지 전략 덕분이다. 사실 두 가지 전략이라고 하지만 하나의 전략이다. 여러 번 강조했지만, 밀레니얼들은 일을 먼저 선택하지 않는다. 먼저 살 곳을 선택하고 일을 찾는다. 말뫼가 한 첫 번째는 밀레니얼들이 좋아할 만하고 살고 싶어하는 도시, 즉 삶의 질이 높은 도시를 만드는 것이었다. 그다음 그들이 좋아하는 일들을 제공하였다. 먼저 친환경 도시를 만들고 바로 밀레니얼들이 좋아하는 일자리 스타트업 만들기 정책을 펼친 것이다.

말뫼가 선보인 새로운 시도의 첫 단추는 친환경 도시의 비전 제시이다. '2020년까지 지속가능 발전 측면에서 최고의 도시가 된다.'라는 목표 아래 기존의 노동 집약적 제조업에서 탈피해 친환경, IT, 바이오 등 신산업을 중심으로 하는 '지식 도시 Knowledge City'로 간다는 비전을 세웠다. 당시는 1992년 리우 환경 회의 직후여서 특히 청년 세대의 높은 지지를 받았다. 일마 리팔루 Ilmar Reepalus 시장은 임기가 끝나는 2013년까지 19년간 탈산업적 지역 혁신을 일관되게 추진함으로 말뫼를 친환경도시로 탈바꿈하였고, 그 결과 미래 산업에 대한 사업체와 인재들이 모여들었다.

말뫼 시는 아직은 100퍼센트 재생에너지 사용 목표에는 다다르지 못했다. 하지만 2015년에 이미 시가 운영하는 시설에 제공되는 전력량의 100퍼센트를 재생에너지로 발전하는 등 도시 전반에서 재생에너지의 사용 비율을 늘리고 있다. 또한 장장 470킬로미터에 이르는 자전거 도로 네트워크를 구축했다. 도시 전체 교통의 약 30퍼센트가 자전거로 이루어지고 있고, 학교 통학과 직장 출퇴근 이동에서 40퍼센트 이상을 차지하는 수준이다. 친환경 도시의 비전은 삶의 질을 중요시하게 생각하는 밀레니얼 세대의 유입을 위해서는 필수적이다.

말뫼 시는 2000년대 이후로 산학협력을 통한 창업을 적극적으로 지원했다. 가장 먼저 스웨덴 정부와 말뫼 시는 지역 경제를 살리고 기업을 유치하기 위해선 우수한 젊은 인재들이 필요하다고 판단해 1998년 버려진 조선소 부지에 말뫼대학교를 세웠다. 기존의 학문 체계에 얽매이지 않고 융합 연구에 초점을 둔 5개 단과 대학으로 이루어진 말뫼대학은 IT와 기초 공학, 디자인, 미디어 등의 학문이 융합된 기술 사회대이다.

그리고 2002년 말뫼 시가 절반을 투자하고 스웨덴 정부 및 유럽 지역개발 기금과 기업 투자금 등이 나머지 절반을 부담해서 스타트업 벤처 그룹들을 최장 3년까지 지원하는 친환경, IT, 교육 분야의 창업 인큐베이팅 기관인 밍크$_{MINC}$를 설립했다. 또한 2010년에는 정부 산하 기관인 밍크와 달리 500여 개의 IT 스타트업 기업이 입주해 말뫼 스타트업 육성에 핵심적 역할을 하는 민간 기관인 미디어 에볼루션 시티도 옛 조선소 건물에 자리잡았다.

일련의 이런 노력으로 2000년대 이후 말뫼 시 총인구의 절반에 가까운 16만 3,000여 명의 연인원이 스타트업 벤처에서 일해 온 것으로 집계되기도 했다. 말뫼에 있는 스타트업을 통해서만 지금까지 6만여 개의 일자리가 창출되었고 유럽 스타트업 축제가 말뫼에서 열렸다. 또한 인재를 따라 스웨덴을 비롯한 유럽연합EU 주요 기업들의 유럽 본사도 말뫼로 잇따라 이전하고 있다. 세계 최대 가구업체인 이케아 본사도 말뫼에 있다.

"어떤 산업을 끌어올지 고민하지 마십시오. 젊은 세대가 몰려와 공부하고 일하고 잘 살아갈 수 있는 토대를 만드세요. 젊은이들이 무엇이건 실험하고 시도할 수 있는 '시험대testbed'로 도시를 내놓는 것이 중요합니다."

말뫼의 라팔마 시장이 한 말이다.

앞에서 언급했던 디트로이트 사례와 비슷한 이야기이다. 산업과 일자리가 먼저가 아니라는 것이다. 밀레니얼들이 살고 싶은 도시를 만드는 것이 먼저라는 것이다.

볼더는 어떻게 스타트업 생태계를 극축할 수 있었는가

미국 콜라라도주의 소도시 볼더는 주변까지 합하면 인구 33만 명이지만 핵심 지역만 하면 10만여 명 정도의 작은 소도시이다. 볼더는 특별한 거대 산업 없이 1인당 국내총생산이 7만 달러 이상이고 지속적으로 이주해 오는 사람이 많은 이상한 도시이다. 볼더의 이런 특별함에 기여한 것이 바로 볼더만의 스타트업 커뮤니티이다. 최초 스타트업 커뮤니티의 시작은 1995년 엑시트한 창업가였던 브래드 펠드Brad Feld의 볼더 이주였다.

그는 볼더에 정착 후 먼저 주기First Give라는 철학을 가지고 도움을 요청하는 창업가들에게 항상 응답해 주고 대가에 대한 기대 없이 다른 사람들을 돕는 독특한 스타트업 커뮤니티 문화를 형성했다. 이 정신은 볼더에 창업가를 끌어모으고 창업가, 시 정부, 지원 기관 그리고 대학 등과 함께 거대한 스타트업 생태계를 형성하게 된다. 다시 2006년에 그는 테크스타라는 액셀러레이터를 만들고 이를 통해 제도적으로 체계적으로 먼저 주기 문화를 통해 스타트업 생태계를 발전시킨다. 2019년 기준 테크스타는 1,600개의 스타트업을 배출했으며 기업 가치는 180억 달러에 이른다고 한다. 이들이 바로 볼더를 실리콘밸리에 이은 스타트업의 성지로 만들었다.[5]

볼더와 말뫼는 둘 다 스타트업 커뮤니티를 통해 도시를 번창시켰지만 가장 큰 차이는 처음 시작의 주체이다. 말뫼는 시 정부가 먼저 움직였다면 볼더는 창업가가 철학을 가지고 시작했다는 것이다. 그러나 어느 방식이든 어느 정도 성과를 내고 형태를 갖추기까지는 20년 정도의 시간이 걸린다는 사실이다.

꾸리찌바는 어떻게 교통 문제와 환경 문제를 해결했는가

친환경 도시와 관련해서는 세계 최고의 환경 도시이자 세계 생태 도시의 수도라는 브라질의 꾸리찌바도 빼놓을 수 없다. 꾸리찌바는 건축가 출신의 브라질 최초 민선 시장 자이메 레느네르Jaime Lerner에 의해 재생되었다. 꾸리찌바는 아픈 부위에 침을 놓아 전체 몸을 고치는 것처럼 교통 문제와 환경 문제에 침을 놓아 도시 전체를 살리는 도시 침술이라는 비전으로 재생된 도시이다. 도시 회생과 관련해서는 우리에게도 널리 알려진 3가지 정책이 유명하다.

첫째는 '꽃의 거리'로 불리는 약 1킬로미터에 이르는 보행자 전용 도로이다. 이 보행자 공간은 지난 1970년대 초반 상업 지역 도로에 꽃과 나무를 심고 자동차 진입을 차단하면서 조성됐다. 물론 처음에는 상권 쇠락을 우려한 주변 상인들의 반발이 만만치 않았다. 하지만 지금은 나무와 화분, 벤치, 노천카페 등이 줄지어 늘어서 시민 소통 공간이자 외지인들이 즐겨 찾는 관광 명소가 되어 좋아한다고 한다. 도시 가운데를 막아 시민들이 걸어 다니는 보행자 전용 도로는 이미 많은 도시에서 시도 중이다. 일본의 도쿄도 이러한 사례로 유명하고 우리나라에서는 전주도 추진 중인 것으로 알고 있다.

둘째는 서울시에도 채용 중인 독창적인 교통 체계이다. 버스를 마치 '땅 위의 지하철'처럼 만든 것으로 외형적으로는 버스지만 지하철 수준의 빠른 배차 간격과 속도로 운행하고 있다. 버스가 다니는 도로와 일반 차선을 완전히 분리해 도시 철도처럼 운영하는 시스템이다. 꾸리찌바의 도로는 삼중 도로 체계이다. 중앙도로에 급행 버스를 위한 버스전용차로를 두고 도로 양편에 자동차 도로 그리고 그 옆에는 일방통행 도로를 두고 있다. 승하차 시간을 줄이고 수송량을 늘릴 수 있는 저상 굴절 버스를 사용하여 최대 270여 명의 승객을 수용할 수 있다. 전체적으로는 30초 간격으로 약 2,700여 대의 버스가 운행되며 버스의 수송 분담률은 약 75퍼센트 수준에 이른다고 한다.

셋째는 녹색 교환 제도이다. 이 프로그램은 폐기물 수거 비용을 민간 회사에 지급하는 대신 쓰레기를 수거해 오는 주민에게 수거량에 맞춰 버스표와 식품권을 나눠주는 것이 골자였다. 이 제도가 시행된 이유가 있다. 꾸리찌바에는 아주 심각한 문제 때문에 골머리를 앓고 있었는데 바로 쓰레기 문제였다. 이곳의 하천변에는 빈민가가 많다. 그런데 지형적인 이유로 쓰레기 수거 차량이 접근하기 어려워 쓰레기가 자주 쌓이면서 많은 질병이 발생했다. 시 정부는 더는 빈민가의 쓰레기 문제를 방치할 수 없었다. 시는 새로운 쓰레기 수거 정책을 내놓았다. 그리고 이곳 빈민가의 쓰레기 수거 풍경은 과거와는 사뭇 다른 모습으로 바뀌었다.

매주 수요일 오전 특정 시간에 교외의 공터로 사람들이 몰려든다. 각자 작은 손수레나 자루에 쓰레기를 잔뜩 담아 와서 서 있는데 곧 푸른색 트럭에 그들 앞에 와서 멈춰 선다. 트럭에는 '쓰레기는 더 이상 쓰레기가 아닙니다.'라는 포스터가 붙어 있다. 그도 그럴 것이 그곳에 모인 사람들에게는 쓰레기가 곧 식량이자 돈이기 때문이다. 각각의 공터에는 대개 사오십 명 정도의 사람들이 줄을 서서 각자 능력

만큼 모아 온 쓰레기를 트럭의 작업자들에게 넘겨준다. 쓰레기를 건네면 티켓을 받을 수 있다. 저소득층을 돕는 시청의 기발한 사업에 서민들은 생활 경제에 도움을 받는 동시에 환경을 보호하는 일을 겸하게 됐다. 서민층이 살고 있는 주택가를 중심으로 해서 약 60여 곳을 녹색 트럭이 순회하는데 열흘에서 보름 간격으로 행해진다.

로컬 시민이 '살고 싶은 곳'을 만드는 중심이 돼야 한다

말뫼 사례는 방송이나 신문 등에서 여러 차례 다루어졌다. 물론 성공만큼이나 그 뒷자락에 감춰진 그늘에 대한 지적도 있었다. 그럼에도 불구하고 무엇을 했는가가 아닌 어떻게 했는지 측면에서 특히 우리나라와 비교하여 몇 가지 생각해볼 게 있다.

첫째는 접근 방법과 순서의 문제이다. 말뫼는 청년들이 살고 싶은 도시가 먼저였다는 것이다. 산업이나 일자리는 그다음에 청년들이 만들고 결정하게 했다. 우리는 많은 경우 일자리나 산업을 먼저 얘기한다. "이렇게 좋은 일자리가 있는데 안 오겠어?"라는 접근이 대부분이라는 것이다. 밀레니얼들에게 일자리보다 중요한 것이 사는 곳이고 삶의 질이다.

과거에는 일자리가 장소와 붙어 있었다. 그러나 이제 4차 산업혁명 시대가 본격화되면서 일자리와 장소의 일치성은 갈수록 약해질 것이다. 지금의 코로나19로 촉발된 비대면 문화는 재택근무의 일상화를 통해 이런 경향을 더욱 강화시킬 것이고 자율주행차는 거리에 대한 우리의 인식을 변화시킬 게 분명하다. 인공지능과 로봇으로 인해 창조적인 일이 인간의 주된 일이 되면서 '살고 싶은 곳에서 하고 싶은 일을!'은 더 이상 희망 섞인 구호가 아닌 현실이 될 것이다.

둘째는 '도심을 활기차게 걷고 싶은 도시'에 대한 이야기이다. 우리는 지방 중소도시에서 외곽에 새로운 주택단지들을 개발하면서 도심의 인구가 빠져나가는 원도심 공동화 현상을 많이 목격한다. 주택과 일터가 떨어지니 출퇴근을 위해 차를 이용하게 되고 작은 도시지만 교통 체증과 환경 문제 등을 목격한다. 지방으로 와서 오히려 더 걷기 힘든 현실을 목격한다. 말뫼도 말뫼대학교를 세울 때 처음에는 외곽 지역을 고려했다. 하지만 일부러 도심에 위치시켰다고 한다. 도시의 가장 중심지에 젊은이들이 왔다 갔다 하는 모습이 자연스럽게 노출되어 도시를 활기차게 할 것이라는 판단이었다. 브라질 꾸리찌바도 도심에 차 없는 거리를 조성하여 시민들을 걷게 해 소상공인을 살리고 관광객들을 모았다. 최근 우리나라에서는 전주에서 비슷한 실험을 하고 있다는데 지켜볼 일이다.

셋째는 말뫼 시는 장장 20년 이상의 긴 여정에 시민들을 주체로 세웠다는 점이다. 라팔마 시장의 말이다.

"가장 중요한 원칙이 하나 있습니다. 이런 변화의 흐름 속에서 시민들 누구도 배제되지 않도록 하고 자신이 이 변화의 주체라고 느끼도록 하는 것이 중요합니다. 처음 비전을 세울 때 시민, 기업인, 노조, 주지사, 시장, 대학교수 등이 참여한 위원회를 조직해 10~20년 뒤에도 살아남을 수 있는 도시의 장기적인 산업이 무엇일지를 고민하며 끝장 토론을 벌였습니다."

시장은 장기적인 비전과 미래를 위한 끝장 토론만큼이나 새로운 생태계 구축과 성과 창출이 오래 걸린다는 것도 강조했다. 그는 수초를 먼저 만드는, 생태계 만들기는 성과가 나타나기까지 20년 정도의 시간이 걸린다고 했다. 그 정도의 시간이면 그의 말대로 선거로 의사결정권자들이 바뀌는 등 여러 가지 변화가 발생할 수 있다. 그는 이런 이유로 시민의 역할을 강조한다.

"변화의 지속가능성을 담보하기 위해서는 방향 설정과 모든 변화의 중심에 시민들을 넣어야 합니다. 그들이야말로 변하지 않는 변화의 동력이기 때문입니다."

4
그 로컬 도시만의 '다움'이 있어야 한다

　순천시 인구가 광주와 전주에 이어 호남권에서 세 번째로 많아졌다. 2020년 한 해 11개월간 순천에서는 무려 3,020명의 인구가 늘었다. 특히 신도시인 신대지구에는 20~30대 젊은 세대가 지속적으로 늘어났고 전남의 대표적인 '젊은 도시'로 급부상하고 있다. 지방이 소멸하는 시대라고 하는데 순천시는 어떻게 젊은 세대를 유입하고 새로운 모습을 바뀔 수 있었을까?

　순천시는 그동안 생태 도시를 지향해 온 도시 정책을 기반으로 안전, 교육, 교통, 힐링 등 중·장기적인 정주 여건 조성을 통한 삶의 질을 높인 게 원인이라고 밝혔다. 실제로 순천시민들도 살기 편하고 좋은 자연환경이 장점이라고 꼽는다. 시 당국은 도시재생 과정에서 주민의 의견을 가장 먼저 반영했다고 한다. 그렇다 보니 주민들의 만족도도 높을 수밖에 없다는 것이다. 이러한 만족도는 실적으로 이어졌다. 순천은 광주·전남 27개 시·군·구 평가에서 1위를 차지했다. 그중에서도 주민 만족도는 다른 곳과 비교했을 때 압도적으로 높았다고 한다.

젊고 매력적인 도시는 어떻게 만들어지는가

순천이 지역 주민들에게만 높은 평가를 받은 것은 아니다. 순천만 국가정원과 낙안 읍성 등의 생태관광지는 전국적으로 주목받으면서 코로나19 확산 전인 2019년 기준 연 관광객 수는 1,000만 명을 넘었다. 생태 도시 순천과 1,000만 관광객은 모두 순천만 습지로 시작되었다. 순천만 습지는 22.6제곱킬로미터의 갯벌과 5.4제곱킬로미터의 갈대 군락지에 수달과 갯게 등 다양한 멸종위기 동식물이 서식하는 생태계의 보고寶庫이다. 국내 유일한 흑두루미의 월동지이자 240여 종의 철새들이 계절별로 머물다 가는 곳이기도 하다.

약 30년 전의 순천만은 지금과 사뭇 달랐다고 한다. 도시와 농장에서 쏟아져 나오는 각종 오수가 흘러들었고 쓰레기도 마구 버려져 악취가 진동해서 가까이 가지 못할 정도였다. 사람들이 찾지 않고 버려진 이곳이 다시 주목받게 된 것은 1993년이었다. 당시 이곳 갯벌을 파내고 모래를 채취하려는 게 알려졌다. 이때 시민들 사이에서는 순천만을 지켜야 한다는 움직임이 일어났고 그 덕분에 골재 채취 사업은 취소되었다. 그리고 2003년에 습지 보호구역으로 지정되었다.

순천시는 순천만 일대를 습지 보호구역으로 지정하는 것에 멈추지 않았다. 인근의 토지를 매입하여 개발 사업을 아예 원천 봉쇄했을 뿐만 아니라 습지 복원도 지속해서 추진했다. 난립해 있던 인근의 농장이나 식당도 아예 철거했다. 또한 그동안 철새들의 생명을 위협하던 전봇대도 수백 개를 철거했고 친환경 농법으로 수확한 쌀을 수매해서 두루미의 먹이로 제공했다. 살 곳과 먹을거리를 제공하니 이곳은 철새의 생태계로 탈바꿈하였다. 예컨대 2009년에는 80여 마리에 불과했던 흑두루미가 2015년에는 1,000마리를 넘기더니 2020년이 되자 무려 3,000마리가 넘게 이곳에서 겨울을 나는 것으로 알려졌다. 이제 순천만은 세계적인 생태관광지로 대외적으로 인정받았다. 2006년에는 국내 연안습지 중에서는 가장 먼저 람사르 협약에 등록됐다. 또 2011년에는 미슐랭 그린가이드 한국 편에 순천만이 소개되기도 했다.

생태 도시 순천이 돋보이는 것은 이 모든 성과가 시민 참여와 노력 덕분이라는 것이다. 순천만을 보존하자는 움직임으로부터 시작된 시민들의 참여는 순천만 협의회 구성으로 이어졌다. 주민과 시민단체와 순천시 등 시의 미래와 발전을 모색하는 자리에 시민은 핵심적인 주체로 자리잡았다. 시민의 참여는 행정기구의 성격도 변화시켰다. 그동안 행정업무 중심이었던 자치기구를 의사소통의 채널로 바꾸어놓았다. 행정과 민간의 원활한 소통은 마을 공동체를 활성화시켰다.『한겨레신문』의 기사에 따르면 도시재생 과정도 2013년 4월

9일 '문화도시 만들기 시민토론회'를 통해 400명의 시민이 논쟁하고 낮에는 공무원들이 상가를 돌며 사업을 설명했다고 한다. 거리에는 상황판을 설치했고 매주 목요일 점심엔 청소년수련관 앞마당에서 주민들이 도시락 토론회를 열었고 밤에는 야간 주민토론회를 열었다. 그렇게 주민들이 적극적으로 참여하게 했고 '주민 주도 도시재생 1번지 순천'이라는 성과를 만들었다.

도시 정체성이 새로운 라이프 스타일을 만든다

밀레니얼 세대들은 도시의 정체성 이야기를 많이 한다. 이 세대는 이곳에서만 독특한 경험을 할 수 있고, 또 이곳에서만 느낄 수 있는 경험을 중요하게 여긴다. 그들이 살고 싶은 도시는 정체성이 있는 도시일 가능성이 크다. 그래서 그 도시만의 정체성은 중요한 문제이다. 도시 정체성은 장소성과도 밀접한 관계가 있다. 지역의 성격을 규정하는 장소성은 그 지역을 특정하는 개성과 연결된다. 이러한 개성들이 모여 지역성 또는 도시의 정체성이 된다.

다른 도시에서 찾을 수 없는 식별성이나 현저성이 있는 것만으로도 도시의 정체성이 형성될 수 있다. 하지만 보다 중요한 것은 그곳에서 일어나는 사람들의 일상적인 활동이다. 일상적으로 그 도시만의 정체성을 보여줄 때 가치는 더욱 빛을 발하고 강화된다. 그럼 우리나라의 도시 중에서 어디가 그곳만의 정체성을 가지고 있을까? 아산정책연구원 여론계량분석센터는 리서치앤 리서치와 함께 전국 만 19세 이상 남녀 1,051명에게 한국의 도시문화에 대한 설문조사를 실시했다. 문화 정체성이 가장 뚜렷한 도시는 서울(24.7%), 안동(11.9%), 전주(10.8%), 제주(8.5%), 부산(7.4%) 순이었다. 그런데 잘 모르겠다는 대답(19.3%)도 꽤 많이 나왔다는 게 눈에 띈다. 아마도 많은 이가 도시문화의 정체성을 그리 중요하지 않게 생각한다는 뜻일 것이다. 혹은 도시의 문화 정체성이 그만큼 뚜렷하지 못하다는 방증이기도 하다. 내용을 좀 더 들여다보면 정체성과 거주 희망의 가능성 간에 부조화도 엿볼 수 있다. 전주나 안동과 같은 전통문화 도시는 문화와 한국이라는 정체성은 뚜렷하지만, 제주와 부산과 같은 현대 문화도시보다는 매력도나 거주 희망도는 떨어졌다. 정체성, 매력성, 그리고 거주 희망도가 그다지 일치하지 않는다는 것은 무슨 의미일까? 누군가는 한국의 문화 매력도가 떨어지기 때문이라고 볼 수도 있겠지만, 그보다 도시 정체성과 라이프스타일의 괴리를 지적하고 싶다.

스토리와 지향은 있지만 그 정체성에 맞는 라이프스타일이 없다면 일상에서 그 정체성을 체감할 수 없다. 그 말인즉슨 그곳이 살고 싶을 만큼 매력적이지 않을 수 있다는 것이다. 도시의 정체성은 도시의 '다움'이라고도 할 수 있다. 개인의 다움과 개인의 지향이 집요함과 일관성을 가지고 그 자신 삶의 양식인 라이프스타일로 표현되듯이 도시의 다움도 그 도시만의 라이프스타일로 일상에서 구현될 때 매력적이라고 할 수 있을 것이다.

순천은 어떻게 순천만의 정체성을 살릴 것인가

순천은 생태 도시라는 지향과 정체성은 어느 정도 있지만 아직도 그것이 도시의 라이프스타일로 자리잡지는 못한 것 같다. 그러나 지금까지 순천이 걸어온 궤적을 보면 뭔가 실마리를 잡을 수 있을 듯하다. 생태 도시라는 순천의 정체성, 즉 다움을 강화할 수 있는 방법 말이다.

슬로 시티라는 개념이 있다. 1999년 이탈리아 작은 도시 그레베인키안티의 주민들은 세계적 브랜드 맥도날드가 들어오는 것을 막고 삶의 방식을 '느리게' 바꾸기로 결심했다. 그 결과 이 마을에서 첨단 자본주의 상징이라고 할 수 있는 백화점, 자동차, 대형상가 등을 찾아볼 수 없게 됐다. 대신 평화, 고요, 진정한 휴식이 찾아온 것이다. 그렇게 시작된 슬로시티 운동은 슬로시티 선언으로 구체화된다.

'슬로시티 선언'은 삶의 질을 높이기 위해 노력하는 사람들이 흥미를 갖는 도시, 훌륭한 공공장소와 사적이 훼손되지 않은 도시, 전통 장인의 기술이 살아 있는 도시, 건강한 삶이 공동체의 중심이 되는 도시를 주창하고 있다. 2019년 11월 기준으로 30개국 264개 도시가 지정되었고, 대한민국에도 16개 슬로시티가 있다고 한다.

비슷한 개념으로 파리의 안 이달고Anne Hidalgo 시장이 펼치는 15분 도시가 있다. 15분 도시란 상점을 비롯한 문화시설, 학교, 의료시설 등의 다양한 공공서비스를 도보 15분 안에 접근할 수 있는 도시를 말한다. 통상 건강한 성인의 보행속도는 1초당 1.2~1.4미터 정도이고 노인이나 어린이를 고려하면 1초당 1미터, 즉 15분에 걸을 수 있는 1킬로미터 이내에 필요한 시설이 있어야 한다. 자전거는 도보의 약 3배 정도 속도를 가정하여 2.5킬로미터에서 3킬로미터 안에 주요 시설이 있어야 한다는 것이다. 이 첫 번째 공약인 도보와 자전거로 통행하는 도시를 만들기 위해 자전거 도로망을 정비한다. 거리 주차장의 72퍼센트인 6만 개를 없애고 그 자리에 넓은 자전거 도로와 인도를 깔고 17만 그루의 나무를 심는다. 루브르 박물관에서 바스티유 광장에 이르는 상업 중심가 50킬로미터는 보행자와 자전거만 통행 가능하고, 외곽순환도로와 같은 대형 도로를 제외한 파리 시내 전역의 주행 속도는 시속 30킬로미터로 제한된다. 시간의 흐름을 바꾸어서 쫓기는 삶이 아닌 여유 있고 느긋한 도시로 탈바꿈하겠다는 것이다. 자동차와 도로는 줄이고, 자전거와 보행자 길은 늘리고, 도시 공간과 거리를 사랑하며 광장을 사랑하게 되는 도시를 만들어간다는 게 목표이다.

순천도 이러한 슬로시티 선언으로부터 도시의 정체성을 찾을 수 있다.

"순천은 일단 찾아오면 그냥 걷기만 해도, 서 있기만 해도, 숨을 쉬기만 해도 힐링이 되는 곳입니다. 아무것도 하지 않고 그냥 걷기만 해도 좋은 곳이 바로 순천입니다."

어느 관광객의 말이다. 개인적으로는 순천의 라이프스타일을 '슬로 라이프'라고 얘기하고 싶다. 그러나 도시의 정체성인 다움은 시민의 라이프스타일에서 결정된다고 보면 순천시민의 라이프스타일로 슬로 라이프가 얼마나 정착되어 있는지는 아직 조심스럽다. 걷기에 이어 슬로라이프의 수단 중 하나인 그나마 통계가 있는 자전거를 살펴보면, 순천은 2017년까지 175.44킬로미터의 자전거 도로를 개설하였다. 전국 10대 자전거 도시라고 자랑하고 있지만, 대부분 겸용도로로 자전거 우선도로는 전체 중 11퍼센트에 불과하다. 자전거 교통 분담률도 2021년 기준으로 2.4퍼센트로 추정된다. 전국 평균이 2.2퍼센트이니 그리 차이가 나지 않는다. 매년 0.1퍼센트씩 늘려간다는 계획이라고 한다. 하지만 아직도 대부분의 교통 분담률은 자동차가 차지하고 있다. 아직은 슬로 라이프스타일과는 거리가 있는 셈이다. 참고로 슬로 라이프의 대표적인 북유럽 국가들의 자전거 수송 분담률은 15퍼센트 이상이다. 특히 네덜란드는 36퍼센트에 이르고 있다.

어떻게 슬로우 라이프스타일이 살아 있는 걷기 좋은 도시를 만들 것인가? 먼저 이 또한 주민의 참여가 필요하다. 많은 경우 승용차를 줄이기 위해서는 주차 공간을 없애야 한다. 앞서 말한 것처럼 파리는 거리 주차장의 72퍼센트를 없앴다. 사실 이렇게까지 주차장을 없애면 시민들, 특히 상인들의 불만이 많아지게 된다. 가령 하천을 덮어 거기에 주차장을 만들어서 양옆으로 줄지어 상가를 세웠다. 그런데 다시 하천을 되살려 시민들을 걷게 하자고 하면 반발을 살 수밖에 없다. 게다가 주차장이 없으면 손님들이 불편해서 안 올 거라는 상인들의 우려도 마냥 무시할 수는 없는 노릇이다.

주요 전통시장의 활성화 계획에 항상 주차장 건립이 무조건 1번으로 논의되는 것은 조심스럽다. 사실 많은 다른 나라의 사례를 보면 이와는 다른 추세다. 주차장을 없애고 사람들을 걷게 하면 상가가 더 활성화되는 사례를 볼 수 있다. 하지만 생계와 관련된 문제이기 때문에 시민들의 참여를 통한 논의의 활성화와 의사결정 과정의 공론화가 필요하다. 그래야 빨리 가고 선출직의 교체와 상관없이 일관되게 오래 갈 수 있다.

그다음으로 검토할 것은 충격을 줄이기 위한 점진적이고 제한적인 접근이어야 한다. 그러나 그 과정은 빨라야 한다. 자동차 중심 라이프스타일에서 걷기 중심 라이프스타일로 바꾸는 과정은 특히 지하철이나 버스 등 대중교통이 발달하지 않은 순천과 같은 지방 도시에서는 굉장히 힘들 수 있다. 콜롬비아 보고타의 경우 '시클로비아Ciclovia', 즉 차 없는 거리 제도를 시행했다. 매주 일요일과 공휴일 오전 7시부터 오후 2시까지 특정 도로의 차량 통행을 막아 시민들이 도로에서 자전거를 타거나 걸을 수 있도록 했다. 멕시코시티도 시내 주요 도로를 매주 일요일 오전 시간 자전거와 보행자 전용도로로 운영한다. 멕시코 출장 때 개인적인 경험에 의하면 그때마다 도시는 작은 축제였다. 차가 없고 자전거나 사람들의 행렬로 가득 찬 거리는 여유로운 축제 분위기를 늘 자아냈다. 특정 시간대나 특정 거리를 중심으로 차 없는 거리를 운영하고 그 시간과 대상을 결과를 바탕으로 빠르게 늘려가는 접근이 필요하다.

마지막으로 걸음을 멈추고 보고 싶을 만큼 재미있고 특색 있는 상가가 많이 있어야 한다. 홍익대학교 건축학과 유현준 교수는 걷고 싶은 거리를 '이벤트 밀도'와 '공간의 속도'라는 개념으로 설명한다. 보행자가 걸으면서 마주치는 상점의 출입구가 많고(이벤트 밀도) 주변 거리의 움직임이 사람의 걷는 속도(시속 4킬로미터)와 비슷하다면 보행자가 자기 주도적 다양한 경험을 할 수 있게 되어 걷고 싶어하는 거리가 된다고 한다. 거리에 특색 있는 스트리트 상가(로컬 크리에이티)가 많은 포틀랜드가 걷기 좋은 도시가 된 이유이다. 상가와 관련하여 모종린 교수는 거리를 향해 테라스가 있는 상가들이 거리 활성화에 중요하다고 얘기하기도 한다.

최근 이날치 밴드가 만든 '필 더 리듬 오브 코리아Feel the Rhythm of Korea 시즌 2'에서 동네 어르신의 100번째 생일을 맞아 따뜻한 정을 나누는 순천 주민들의 이야기가 나온다. 한국적인 라이프, 슬로우 라이프를 가장 잘 간직한 지역으로 순천이 선정되어 촬영된 건 우연이 아니다. 순천은 주민 자치의 역사가 오래됐으며 지금도 잘 운영되고 있고 '유익한 상점' '순천 양조장' 등 특색 있는 가게들이 늘어나고 있다. 도시로 새로이 들어오는 사람들도 중요하지만 그곳에 머무는 사람들이 떠나지 않게 만드는 것이 중요하다. 순천은 '순천다움'으로 살기 좋은 곳으로 만들어야 한다. 그렇게만 된다면 생태 수도라는 정체성이 슬로우 라이프스타일로 강화되어 살고 싶은 매력적인 순천이 만들어지지 않을까?

2장 로컬 소상공인

: 어떻게 창의적 로컬 크리에이터 소상공인이 될 것인가

여기 나온 경북 청년들의 사례 중 일부는 『로컬 크리에이터 정착기』(비매품)라는 사례집에서 일부 발췌했음을 알려드립니다.

1
'나다움'이 라이프스타일이 된다

'빈티지vintage'란 말이 있다. 원래 이 말은 '와인의 원료가 되는 포도를 수확하고 와인을 만든 해'를 의미한다. 그러나 요즘 빈티지는 일정한 기간을 지나도 광채를 잃지 않는, 광채를 잃어도 어떤 계기로 돌연 불사조와 같이 되살아나는 매력을 가진 것을 의미한다. '오래되어도 가치가 있는 것oldies-but-goodies' 혹은 '오래되어도 새로운 것new-old-fashioned'을 말한다.

로컬 크리에이터는 빈티지처럼 지역의 버려지거나 잊힌 자원을 크리에이터의 눈으로 오롯이 집중해 다시 반짝반짝 빛나게 해 지역에 선한 영향력을 만드는 사람이다. 앞에서 여러 번 언급했던 것처럼 이를 위해 로컬 크리에이터로서의 '다움'을 지녀야 한다. 그런데 '다움'의 정확한 의미는 무엇일까? 어떻게 해야 '다움'을 갖출 수 있을까.

『국어사전』을 보면 '다움'은 '어떤 성질이나 특성이 있음'이라고 되어 있다. 즉 어떤 사물이나 사람을 그 사물이나 사람답게 만드는 것이 바로 '다움'이라고 할 수 있다. 예를 들어 우리는 '의리'라고 하면 영화배우 김보성을 떠올린다. 처음 그는 의리라는 가치를 지향한다고 얘기했고 그의 동작과 말투와 복장 등에서도 의리가 연상되게 행동했다. 여기서 중요한 것은 집요함이다. 특히 중요한 것은 결정적일 때 드러나는 행동이다. 예를 들어 그는 2020년 대구에 코로나19가 심할 때 그곳으로 내려가 마스크를 나눠주는 봉사를 했다. 즉 그의 행동이 시간이 흘러도 변치 않다 보니 사람들은 그를 의리의 대명사쯤으로 여기게 된 것이다.

나노 사회가 되면서 '나다움'이 더 중요해졌다

요즘 '다움'이 중요한 화두가 되고 있다. 2020년에 저서 『다움, 연결, 그리고 한 명』을 쓰면서 다움의 중요성을 얘기하기는 했지만 이렇게 빨리 크게 화제가 될지 몰랐다. 김난도 교수는 '나다움' 광풍 현상의 원인을 2022년의 주요 트렌드인 나노 사회와 연결 짓고 있다. 코로나19로 방역 생활이 장기화되면서 집단의 의미는 사라지고 개인은 미세한 수준으로 분화되는, 즉 공동체가 개인으로 나누어져 파편화되고 고립되는 트렌드를 말한다.

"지금은 나노 사회예요. 과거 국민교육헌장은 나라의 융성이 나

나노사회

나노사회는 트렌드가 사람들마다 서로 다르고, 조각조각 쪼개진 현상을 말한다.

의 발전이라고 했어요. 회사의 사훈이 '사원을 가족같이'였죠. 지금은 '회사가 부자라고 내가 부자인가?'라며 반문해요. 더 잘게 쪼개지고 파편화된 나노 사회에서 개인은 집단에서 구하던 정체성을 자기 스스로 찾아야 해요. 제 각자 '자기다움'이 엄청난 과제로 떨어졌어요. 그런데 '나다운 게 뭐야?'라는 정체성을 요구받으면 순간 막막해져요. 그래서 '내가 누구인지' 납득하기 위한 노력으로 MBTI 등 성격 테스트에 열을 올리고 있어요. '나다움'의 증거가 되는 물건을 사고 '나다움'의 힌트를 주는 책을 읽고. 그렇게 스스로 '나다움'을 찾는 기나긴 오디세이가 시작된 겁니다."

부캐 전성 시대에는 진짜 '나다움'이 더 요구된다

Yo 나는 누구인가 평생 물어온 질문
아마 평생 정답은 찾지 못할 그 질문
나란 놈을 고작 말 몇 개로 답할 수 있었다면
신께서 그 수많은 아름다움을 다 만드시진 않았겠지.
How you feel? 지금 기분이 어때?
사실 난 너무 좋아 근데 조금 불편해.
나는 내가 개인지 돼지인지 뭔지도 아직 잘 모르겠는데
남들이 와서 진주목걸일 거네.

BTS의 노래 「페르소나」의 첫 번째 구절이다. '페르소나'는 고대 그리스 가면극에서 배우가 무대 위에 설 때 썼다 벗었다 하던 가면을 뜻했는데 라틴어로 섞이며 사람Person과 인격·성격personality의 어원이 되었고 심리학 용어가 되었다. 인간은 누구나 공공장소에서는 어느 정도 일종의 가면을 쓰고 역할 연기를 하게 된다. 이 노래의 뮤직비디오에서 거대한 거울에 둘러싸인 BTS는 거울에 비친 페르소나가 자신의 내적 본성을 억누르는 모습을 통해 가면과 자아 사이의 긴장 관계를 표현하고 있다. 가면을 쓰고 있지만 동시에 자기 자신을 찾고 싶다는 갈망을 드러내는 것이다.

2019년 유산슬이라는 트로트 가수가 혜성처럼 등장해 엄청난 인기를 끌었다. 사실 그는 다 아는 대로 유재석의 부캐였다. 부캐는 원래 게임에서 쓰던 용어로 부캐릭터의 준말로 본인이 온 힘을 다해 플레이하고 키우는 캐릭터가 아닌 만일의 사태에 대비해 부수적으로 키우는 캐릭터의 의미라고 보면 될 것 같다. 이것이 현실 세계로 오면서 평소 나의 모습이 아닌 새로운 모습이나 새로운 캐릭터로 행동할 때 부캐라고 하게 되었다. 부캐는 단순 이름을 넘어서 별개의 콘셉트이기 때문에 겉으로도 별개의 인물인 것처럼 행동한다. 유재석이 유산슬로서 KBS TV 프로그램「아침마당」에 게스트로 출연했을 때 유재석과 유산슬의 관계에 대한 시청자의 질문이 있었다. 그러자 "유재석은 본인 스스로 결정하지만 유산슬은 누군가에 의해 조종당하는 존재."라고 대답했다. 한편 시청자나 인터넷 커뮤니티에서도 둘을 별개로 취급하는 것을 넘어서 '유산슬은 소속사 빽으로 뜬 가수'라는 밈까지 생겨날 정도였다. 유재석은 그다음 이효리 등과 활동할 때는 유두래곤이라는 부캐로 활동하는 등 지속해서 부캐를 개발해서 사용하고 있다.

유재석과 같은 연예인이 아닌 개인도 시시각각 캐릭터를 바꾸는 능력이 기본인 멀티 페르소나의 시대가 되었다. 회사에서의 '나'와 혼자 있을 때의 '나'와 친목 모임에서의 '나'는 같지 않다. 상황에 따라 정체성을 바꾸고 때로는 숨기는 게 오히려 자연스럽다. 복수의 가면이라고도 할 수 있다. 부캐의 흥행 뒤에는 이 같은 대중의 멀티 페르소나 이슈가 함께한다. 디지털의 발달로 실제의 삶과 편집된 스마트폰 안에서의 삶이 서로 넘나드는 게 당연하게 되었다. 실제로 많은 사람이 자신의 SNS 계정을 여럿 운영하는 경우가 많다. 모두가 자신의 것이지만 계정별로 사용하는 가면이 다르다. 그러니 이 또한 멀티 페르소나적 개념의 부캐들인 셈이다. 우리 역시 급변하는 기술 발전 속에 재빠르게 그 문물들에 적응해 나가고 있음을 시사하는 바다. 특히 MZ세대라면 더욱 그렇다.

다시 BTS의 노래「페르소나」로 돌아가 보자. 이 노래의 시작은 나는 누구인가 평생 물어온 질문으로 시작한다. 페르소나를 겪고 있는 사람 중 일부는 자신의 부캐들 속에서 과연 '진짜 나'는 누구이고 '진정한 나다움'은 무엇인가 하는 생각에 혼란을 느낄 수도 있다는 것이다. 페르소나는 말 그대로 가면에 머물러야 한다. 부캐는 말 그대로 주어진 부캐라는 역할에 머물러야 한다. 그러기 위해서는 내 안에 단단한 나 자신이 있어야 한다. 부캐 시대를 부정하는 말이 아니다. 부캐는 MZ세대의 문화이고 놀이이다. 분명 부캐는 다양한 삶을 즐기려거나 자신의 또 다른 꿈을 실현하려는 욕망의 분출이다. 다만 그 문화를 더 잘 즐기기 위해서 본캐가 굳건히 자리잡고 있어야 한다는 것이다. 본캐의 명확한 이미지가 있을 때 부캐가 주는 의외성과 생경함에 더 재미를 느낄 수 있다는 것이다. 만일 유재석이라는, 이효리라는 본캐가 없었다면 유산슬이나 린다 G가 그렇게 인기를 끌었을까? 멀티 페르소나 부캐의 시대에 오롯이 나로 존재하는 힘 더욱 '다움'이 필요한지 모르겠다.

고객 한 명의 꿈과 욕망을 제대로 깊이 알아야 한다

'다움'과 관련해서 내가 지향하는 가치에 대해 좀 더 얘기하고 싶다. 다움의 가치, 즉 내가 지향하는 가치는 '나는 누구인가?Who am I?'라는 질문에서 출발해야 한다. 이것은 기업에 "고객에게 제공하는 '나만의' 가치가 무엇인가?"라는 질문과도 같다. 나의 존재 이유를 묻는 말이다. 나는 왜 존재하는가?

사이먼 사이넥Simon Sinek은 『나는 왜 이 일을 하는가?』라는 책에서 '왜Why - 어떻게How - 무엇What'의 세 가지 원을 소개한다.

'왜'는 '왜 이 일을 하는가'와 관련된 가치관과 비전, 미션 등에 관한 이야기이다. '어떻게'는 '무엇을 어떻게 할 것인가'와 관련하여 목적 실현을 위한 방법인 비즈니스 모델을 말한다. '무엇'은 '결과로 나온 제품이나 서비스'에 대한 이야기이다. 그는 그중 '왜'로부터 출발하고 집중하라는 이야기를 한다. '무엇'과 '어떻게'에 집중하는 기업은 결국 범용화의 운명을 피할 수 없기 때문이다.

세스 고딘Seth Godin은 저서 『마케팅이다This is Mar-keting』에서 일의 가치에 대해서 "당신의 일은 나무와 같다. 모두의 꿈과 욕망이 아니라 당신이 섬기고자 하는 사람들의 꿈과 욕망 말이다. 당신의 일이 일용품 수준이거나 뻔한 수요를 충족하려는 약삭빠른 대응이라면 당신의 뿌리는 깊이 내리지 못한다. 나무는 높이 자라지 못할 것이고 설령 높이 자라더라도 중요하거나 유용하거나 지배적이라는 평가를 받지 못할 것이다."라고 말했다. 나만이 만족시킬 고객의 꿈과 욕망

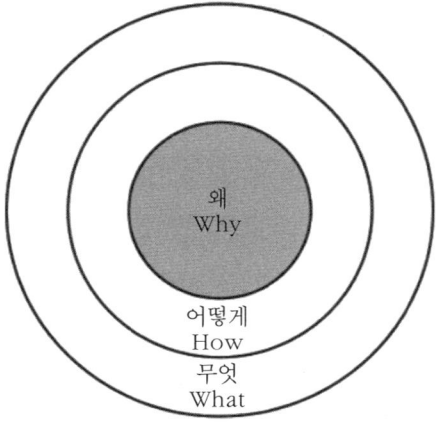

사이먼 사이넥의 '왜-어떻게-무엇'

왜는 목적, 신념, 존재하는 이유이고 어떻게는 목적을 실현하기 위한 행동이고 무엇은 행동의 결과물이 되는 결과이다

은 무엇일까? 할리데이비슨은 "나는 바이크를 파는 것이 아니라 자유와 저항 정신을 판다."라고 했다. 애플도 "우리는 물건이 아니라 꿈을 팔고 있다."라고 말했다. 스타벅스도 "우리는 커피를 파는 것이 아니라 사람들 간의 관계를 팔고 있다."라고 색다른 선언을 했다. 그래서 할리데이비슨, 애플, 스타벅스는 그들만의 '다움'을 가지고 평가받는 것이다.

나만이 만족시킬 고객의 꿈과 욕망을 알기 위해서는 고객을 철저히 이해해야 한다. 하버드대학교 로버트 사이먼스Robert Simons 교수는 질문이 생각을 만들고 생각이 전략을 구성한다고 주장한다. 그는 저서 『전략을 보는 생각』에서 가장 중요한 첫 번째 질문으로 "너의 핵심 고객이 누구인지 제대로 알고 있는가?"를 꼽았다. 이 질문에는 두 가지 강조와 하나의 보이지 않는 의미가 있다. 그것은 '핵심'과 '제대로'의 강조를 통한 '자원 배분의 우선순위'이다. 모든 고객이 아닌 '핵심' 고객, 즉 단 한 명의 고객을 성별, 나이, 소득 등을 두루뭉술하게 보지 말라는 것이다. 고객이 무엇을 좋아하고like 중요한 가치Value로 생각하고 어디서 시간을 보내는지Lifestyle 전인격적으로 그 고객을 이해하고 그 고객의 삶에 우선으로 기업의 관심과 역량을 쏟아야 한다는 것이다.

단 한 명의 고객의 꿈과 욕망을 제대로 이해하는 것이 출발이 되어야 한다. 물론 고객의 꿈과 욕망의 이해도 나에 의해 정의된다고 보면 그 출발은 '나는 누구인가? 나의 존재 이유는 무엇인가?'이다.

90년대생 고객들은 기존 고객들과 무엇이 다른가

"저는 충북 청주에서 왔습니다. SNS에서 한번 보게 되었는데 오늘 사장님 혼내주러 왔습니다."

홍대 앞 진짜파스타라는 가게 앞에 길게 늘어선 줄에 있던 한 사람이 한 얘기이다. 이 가게에서 결식 아동들에게 파스타를 무료로 제공했다. 이 사실을 알게 된 네티즌들이 파스타 집을 "혼내주자"라면서 주문도 하고 유튜버들이 방문하여 홍보도 해주면서 화제를 만들어 장사에 대박을 만들었다.

'돈쭐 낸다'라는 말을 요즘 들어 봤으리라 생각된다. '돈'+'혼쭐낸다'의 합성어이다. 사회에 선한 영향력을 끼치는 행동을 하거나 옳은 일을 했을 때 "돈으로 혼내준다", 즉 주문을 많이 하여 돈을 벌게 해준다는 긍정적인 의미이다. SNS, 인터넷 뉴스, 인터넷 커뮤니티 등에서 한 기업이 결식 아동들을 위해 엄청난 기부금을 냈다는 소식이라든가, 한 식당이 매달 보육원에 음식을 제공했다는 소식과 같은 미담들이 올라오면 이에 감동한 네티즌들은 해당 기업과 가게의 제품이나 서비스를 많이 이용해서 그곳을 바쁘게 만들어 혼내주자 하고 댓글을 단다. 대표적으로는 '구매해서 혼내주자' '주문해서 혼내주자' 등이다. 그것이 '돈쭐내다'이다. 이러한 일련의 사건을 보면서 몇 가지를 생각하게 된다.

첫째는 초연결성 시대를 살고 있는 '포노 사피엔스 Phono Sapiens'라고도 불리는 고객들의 특징에 관한 부분이다. 포노 사피엔스는 전체 인구의 15.9퍼센트를 차지하는 20대 초중반까지를 말한다. 그들은 바로 행동하는 고객이다. '돈쭐내다'의 사례처럼 감동하거나 그럴 만한 이유가 있으면 청주에서 홍대까지 올라온다. 그들은 디지털 초연결 사회에 익숙한 모바일 네이티브이다. 디지털이 그들을 뭉치고 행동하게 만든다. 전문가들은 Z세대가 당장 시장의 '큰손'은 아니어도 '큰 입'이 될 수 있다고 말한다. 아직 10~20대 초중반이어서 구매력은 낮지만 SNS 활동이 활발하고 호불호를 적극적으로 표현해 온라인상의 여론을 주도하기 때문이다.

지난 2018년에 국내에서 『90년생이 온다』라는 책이 크게 유행했다. 이 책에 따르면 많은 1990년생은 알아듣기 힘든 줄임말을 남발하고 어설프고 맥락도 없는 이야기에 열광한다. 또한 회사와 제품에는 솔직함을 요구하고 조직의 구성원으로서든 고객으로서든 호구가 되기를 거부한다. 그들은 자신에게 '꼰대질'을 하는 기성세대나 자신을 '호갱'으로 대하는 기업을 외면하고 그런 기성세대와 기업들에 관한 이야기는 철저히 찾아서 적극적으로 공유한다.

둘째는 이제 좋아하는 이야기든 싫어하는 이야기든 빛의 속도로 퍼져나간다는 사실이다. 우리는 페이스북 친구들, 인스타그램의 팔로어들, 단톡방, 밴드 등으로 얼마나 많이 그리고 중첩적으로 연결되어 있는가? 오가닉 미디어랩이 밝힌 최근 연구에 의하면 페이스북 사용자의 친구 수는 평균 200명에 불과하지만, 친구의 거리가 4단계 이하인 사용자의 비율은 3분의 2에 달하고 5단계 이하인 사람은 90퍼센트를 넘는다(한국만 통계를 내면 이 비율이 훨씬 높아질 것으로 예상된다). 내 친구의 친구의 친구의 친구(더 정확하게는 친구, 친구의 친구, 친구의 친구의 친구 수도 포함)가 13억 페이스북 사용자의 3분의 2를 차지한다는 것은 놀라운 일이다. '돈쭐내다' 사례의 여러 미담이 얼마나 빨리 퍼졌는지 생각해보라.

셋째는 고객들은 기업이 현재 보여주려는 것만 가지고 평가하지 않는다는 것이다. 이제 기업의 과거와 감추려고 하는 것들도 고객들의 평가에서 자유로울 수 없다. 디지털 콘텐츠는 아날로그 방식과 달리 거의 영구 보관이 가능하고 완전 복제가 되므로 언제 어디서나 누구에 의해서든 즉각적 접근이 가능하다. 우리는 최근 누리꾼들이 정치인의 과거 이야기나 기업들의 과거 제품들을 찾아 오늘과 비교하는 사례를 많이 목격하고 있다.

코로나19 팬데믹이 한창일 때 어느 한 유업 회사의 일이 논란이 되었다. 자사 유제품이 코로나19 억제에 효과가 있다고 과대 홍보를 했다. 이 홍보는 사람들의 불안심리를 노린 행위라고 해서 많은 비난을 받았다. 과대 홍보 논란의 파장은 컸다. 회사의 주가는 곤두박질치고 매각 수순을 밟기도 하는 등 한때 시끌시끌했다. 해당 기업은 한순간의 실수일 수 있는 과대 홍보만 놓고 보면 그 파장과 주가 하락의 폭이 너무 커서 억울하다고 느낄 만하다. 그러나 고객과 시장은 그 회사가 과거 대리점에 했던 갑질 등을 소환하면서 불신을 더욱 키웠다.

이제 고객은 왕이 아니라 신이다. 정보의 비대칭은 완전히 사라졌다. 고객들은 자기가 필요로 하는 시간에 언제든지 기업의 정보를 불러올 수 있는 시대에 살고 있다. 왜 '다움'인가? 지금은 일부 사람을 잠시도 속일 수 없는 시대이기 때문이다. 지금 일시적으로 보여주려는 부분에만 집중하는 기업들은 계속 위기가 될 것이다. 그러나 '다움'을 획득한 기업에는 오늘의 현실은 위기가 아닌 거대한 기회가 될 것이다.

2
'나다움' 만큼 '기업다움'도 중요하다

    기업에서의 '다움'은 그 기업이 지향하는 가치와 그 가치가 발현되는 제품, 서비스, 그리고 그 제품과 서비스가 의미 있게 지속될 때 드러난다. 여기에 더해 초연결 시대인 요즘 또 하나 '다움'의 중요한 특징은 안과 밖이 같은 것이다. 예전에는 안에서 아무리 갑질을 해도 밖으로는 안 드러나 상관없었다. 초연결 시대인 요즘은 아무리 사소한 얘기도, 내부의 갑질도 모든 것이 다 투명하게 드러난다. 유명한 간장 회사나 피자 회사가 오너의 갑질로 휘청거리고 오뚜기가 갓뚜기가 되는 것이 바로 초연결 시대 '다움'의 특징이다.

    시간이 흘러도 변치 않는 지속가능성과 안과 밖이 같은 투명성이 중요하다. 지속성이 시간의 일관성이라면 투명성은 가치의 일관성이라는 단어로도 묶을 수 있을 것 같다. 결론적으로 초연결 시대 기업의 다움은 내가 지향하는 '무엇What'이라는 가치의 부분과 그 가치를 실행하는 과정인 '어떻게How'라는 두 가지로 나뉜다. 특히 기업의 다움의 추구에서 어려운 부분은 어떻게의 부분이다. 무엇은 누구나 이야기할 수 있기 때문이다. 어떻게 부분은 집요함, 투명성, 일관성에서 3가지로 구분될 수 있다. 얼마나 집요하게, 조직의 안과 밖이 똑같게, 그리고 시간이 흘러도 변하지 않고 추구하는지가 관건이다. 그것이 가장 어려운 부분이고 그것을 달성한 기업들은 모두 다 위대한 기업이 되었다.

이와 관련하여 4가지 기업 사례를 보고자 한다. 가치와 관련해서는 해녀의 삶이라는 로컬의 가치를 지향하고 잘 구현한 제주 해녀의 부엌의 사례를 가지고 볼 것이다. 집요함과 관련해서는 '강남 사는 30대 맞벌이 부부'라는 고객의 만족을 집요하게 추구한 마켓컬리의 사례를 가지고 볼 것이다. 조직의 안과 밖이 같은 투명성의 사례로는 '친구 같은' 배달의민족을 살펴볼 것이고, 마지막으로 '환경보호'라는 가치를 일관성있게 지키고 있는 파타고니아를 보고자 한다.

해녀의부엌은 어떻게 로컬 콘텐츠로 감동을 만들었는가

제주도에서 요즘 크게 인기를 끌고 있는 해녀의부엌이라는 곳이 있다. 식사를 하면서 2시간 30분짜리 공연을 즐길 수 있는 곳이다. 2019년에 시작했고 금·토·일 공연을 하는데 매회 44석 공연장이 만석일 정도이다. 최근에는 인기에 힘입어 2호점을 한 군데 더 늘렸다. 인기의 비결은 '다움, 팬, 선한 영향력'이라는 로컬 크리에이터의 3가지 요소가 잘 구현되었기 때문이다.

첫째는 '다움'이다. 해녀의부엌에는 제주도 구좌읍 종달리 출신으로 한예종을 졸업하고 배우로 활동했던 김하원 대표와 제주도 종달리 해녀라는 지역적 특성의 만남이 있다. 이곳에는 연극+해산물 이야기+식사+해녀와의 인터뷰로 구성된 어디서도 볼 수 없는 진정성 있는 2시간 30분짜리의 '다움'이 담겨 있다. 그곳에만 있는 이야기와 경험에 밀레니얼 세대는 열광한다. '다움'은 로컬 크리에이터의 출발점이고 필요조건이다. 지금은 '나음'도 '다름'도 아닌 '다움'의 시대다.

둘째는 팬이 필요하다. 팬의 존재는 로컬 크리에이터의 충분조건이다. 팬으로 인해 로컬 콘텐츠는 세상과 연결되고 전국적 임팩트를 가질 수 있다. 행동해 주고 추천해 주는 고객, 즉 팬이 생기면 로컬 콘텐츠는 SNS의 무한한 연결을 통해 지역을 넘어 전국적 임팩트를 가질 수 있다. 팬은 감동을 통해 만들어진다. 이성은 정적이고 감정은 동적이기 때문이다. 감정Emotion이 접두어 E와 움직임Motion으로 구성된 이유이다. 로컬 콘텐츠에 감동을 담기 위해서는 바로 로컬 콘텐츠를 영웅으로 만들어야 한다. 오래되고 낡았다고 생각하는 로컬 콘텐츠가 영웅으로 다시 반짝반짝 빛날 때 사람들은 거기서 감동을 본다. 원래 해녀 대부분은 초등학교도 졸업 못 하고 물질을 시작한다. 그 삶은 고되고 대부분 자신의 삶을 부끄러워하고 감추려 한다. 그러나 그들의 삶은 해녀의부엌에서 재조명되고 당당해진다. 마지막 인터뷰 시간에 90세 해녀 할머니가 사람들이 자기를 보러 오고 이야기를 들으러 오는 것이 너무 행복하다고 말하며 눈을 반짝이던 게 생각이 난다. 이러한 감동은 오롯한 집중을 통해 로컬 콘텐츠를 중심에서 빛나게 할 때 가능하다. 로컬 콘텐츠를 장식으로 또는 변두리로 몰아서는 감동이 창출되지 못하고 팬을 만들지 못하면 그것은 지속적이지도 가능하지도 않다. 해녀의부엌은 오롯이 해녀를 영웅으로 만듦으로써 감동을 창출하고 팬을 만들어냈다. 많은 사람이 해녀의부엌에 감동이 있었다고 인스타그램, 페이스북, 블로그 등에 올린다. 그들이 바로 팬이고 그들이 해녀의부엌을 세상과 연결한다.

셋째는 선한 영향력이다. 제주도에는 해녀들에 의해 뿔소라가 연간 2,000톤 정도 생산된다고 한다. 문제는 약 80퍼센트 정도가 일본으로 수출되는데 엔저円低나 한국 제품 불매운동 등으로 연일 가격이 하락하고 있다고 한다. 해녀의부엌은 시가보다 20퍼센트 정도 비싼 값으로 연간 약 5톤 정도의 뿔소라를 소비하고 있고, 배달의민족과 손잡고 온라인으로 진출하여 뿔소라·톳 등의 판매를 통해 지역의 문제를 해결하려고 노력하고 있다고 했다. 즉 로컬 크리에이터는 지역의 버려지거나 잊혔던 자원을 크리에이터의 눈으로 집중해 '다움'을 만들고 이를 통해 팬을 만들어 세상과 연결한다. 그리고 그 힘을 통해 지역을 살리게 하는 선한 영향력을 만드는 사람이다.

마켓컬리는 어떻게 가치가 드러나는 서비스를 제공했는가

'다움'의 가치가 제품과 서비스로 발현된 기업에 관한 이야기를 하고자 한다. 마켓컬리의 '다움'은 철저히 사용자 관점에서 생각한다는 것이다. 마켓컬리는 새벽 배송이라는 새로운 서비스를 통해 유통 업계 전쟁의 장을 바꾼 당사자이다. 마켓컬리의 김슬아 대표는 급성장한 비결에 대해 다음과 같이 말했다.

"언제나 사용자 관점에서 생각하고 있습니다. 이를테면 어떻게 해야 맞벌이 부부가 더 편하게 이용할 수 있을까를 생각하고 그에 맞춰 상품을 내놓았더니 반응하는 고객이 많았습니다."

마켓컬리의 출발에는 처음부터 고객에 대한 철저한 이해가 있었다. 김슬아 대표 본인의 라이프스타일이기도 한 강남에 사는 30대 맞벌이 부부의 삶과 가치에 대한 깊은 통찰이 있었다.

"맞벌이하는 주부가 일반적인 시간에 장을 볼 수 있을까? 아마 녹초가 되어 퇴근 후 씻고 잠시 숨 돌리면 9시나 될 것이고, 9시 이후에 장을 볼 수 있을 것이다. 주문한 식자재가 새벽에 도착하면 아침 식사 때 활용하고 출근할 수 있으니 좋지 않을까? 그리고 강남 맞벌이 주부의 깐깐함을 고려할 때 건강에 좋고 오프라인에서도 사기 힘든 본앤브레드나 오월의종 정도의 상품 구성이 되어야 하지 않을까? 이런 관점에서 식초 하나, 식빵 하나를 출시하려고 해도 꼼꼼하게 따지는 게 우리만의 방식이고 모든 MD가 한 분야의 전문가가 되는 게 우리의 경쟁력이다."

마켓컬리를 '강남 사는 30대 맞벌이 부부'라는 고객의 가치 만족을 위한 집요함이라는 관점에서 분석하면 다음과 같다.

제품	오프라인에서도 줄 서서 사는 본앤브레드와 오월의 종 같은 깐깐한 상품 구색. 본앤브레드를 입점시키기 위해 MD가 매일 가서 청소해 주었다는 얘기가 있을 정도로 제품 선정에 공을 들였다.
가격	2인 또는 아이 하나 있는 정도의 3인 가족 기준의 양을 구성하고 거기에 맞는 가격을 책정했다.
유통	샛별 배송, 상온, 냉장, 냉동 등 온도에 따라 세심하게 분류(물론 요즘은 과잉 포장의 논란은 있지만)했다.
프로모션	보라색 컬러, 전지현, 마켓컬리 전과 후로 나눌 정도로 사진 디테일이 다른 공들인 사진이 있는 상세 페이지 등이 있다.

마켓컬리는 강남 사는 30대 맞벌이 부부의 가치를 제품Product, 가격Price, 유통Place, 프로모션Promotion의 4P에 아주 구체적으로 처음부터 끝까지 집요하게 발현시켰다. 그래서 이건 마니아들이 하는 회사라는 인정을 고객들로부터 받았다. 이것이 마켓컬리의 급속한 성장을 이끌었다. 타깃을 작고 분명하게 잡는 것을 두려워 말자. 뾰쪽해야 깊이 파고 깊이 파야 제품과 서비스의 '다움'이 생긴다. 사족을 좀 붙이자면, 조심스럽지만 요즘의 마켓컬리를 보면 블루보틀의 창업자 제임스 프리먼James Freeman의 얘기가 생각난다. 더하기가 아닌 빼기를 고민해야 할 때가 아닌지.

배달의민족은 어떻게 안과 밖이 투명한 문화를 만들었는가

'배짱이'라는 팬클럽이 있다. 이 클럽은 여느 아이돌을 따르는 팬클럽이 아니라 기업을 따르는 팬클럽이다. 그들이 응원하는 기업이 처음 흑자를 냈을 때 팬들은 전국 8도에 있는 흙을 모으고 거기에 자를 꽂아 보내줌으로 '흑자'를 축하했다. 8도에 있는 흙을 모은다는 건 사실 쉬운 일이 아니다. 하지만 인터넷상에는 이 기업에 대한 이런 일화가 넘쳐나고 있다. 배달의민족 이야기이다.

배달의민족이 지향하는 '다움'의 가치는 '고객과 친구처럼'이라고 생각한다. 음식 배달 앱의 차별화는 어렵다. 많은 경우 동일한 식당을 대상으로 하고, 때에 따라서는 배달원들도 외주를 사용하기에 차별화는 할인 쿠폰 정도이다. 이 경쟁이 치열하고 차별화가 어려운 시장에서 배달의민족은 1위 자리를 굳건히 지키고 있다. 이 기업은 어떻게 그 자리를 차지하고 또 지키고 있을까?

누가 배달 앱을 사용하는가? 아마도 대부분 팀의 막내, 취준생, 사회 초년생, 자취생과 같은 사람들이 배달 앱을 사용할 것이다. 이들 대부분은 사회에서 아직은 을이고 B급 인생이고 1990년대생이다. 이들은 맥락 없는 병맛 코드에 열광하고 「무한도전」을 즐겨 보고 상품만 파는 플랫폼은 외면하고 콘텐츠를 소비하는 세대이다. 상품 판매를 목적으로 하는 일반 쇼핑몰과 달리 다양한 콘텐츠를 제공하는 미디어의 역할을 해온 온라인 패션몰 무신사가 성공한 것은 이러한 세대의 특징에 주목했기 때문이다. 배달의민족도 아마 차별화가 어려운 제품 대신 콘텐츠의 발신자로서 미디어의 역할을 함으로써 스스로를 차별화했다고 생각한다. '친구처럼'의 콘텐츠를 지속적으로 발신하는 미디어로서 배달의민족은 다른 음식 배달 앱과 차별화되고 '다움'을 획득했던 것이다. 자신들만의 '다움'을. "우리가 어떤 민족입니까?"의 론칭 광고, 전국적으로 경희 열풍을 불러일으킨 "경희야, 너는 먹을 때가 제일 이뻐."와 같은 옥외 광고, "다이어트는 뽀샵"으로의 잡지 광고, 손풍기와 같은 톡톡 튀는 사은품, "치킨은 살 안 쪄요. 살은 내가 쪄요."라는 명문을 탄생시킨 배민 신춘문예와 치킨에 진지한 치믈리에 시험까지. 배달의민족은 이런 일련의 커뮤니케이션을 통한 콘텐츠의 생산으로 하나의 미디어로 자리잡았고 결국에는 '친구처럼'의 '다움'을 획득했다.

'다움'의 일관성 부분도 빼놓을 수 없다. 배달의민족은 안과 밖이 같은 투명성 측면에서 특별히 공을 들이고 있다. 1990년대생이 좋아하는 '친구처럼'의 가치가 커뮤니케이션에만 나타나서는 안 된다. 그 조직의 문화가 바로 '친구처럼'의 조직문화를 가지고 있어야 1990년대생들은 그 기업의 '다움'을 인정해준다. 이와 관련해서 『배민다움』이라는 책에서 배달의민족의 내부 브랜딩 편을 보면 그들만의 조직문화와 관련한 다양한 활동을 엿볼 수 있다. 배달의민족은 내부 브랜딩 활동의 목적을 "과연 직장이 재미있는 놀이터가 될 수 있을까?"라는 질문에 대답하기 위해서라고 얘기한다.

'팔도 비빔면'을 '팔도 네넴띤'으로 읽고, 포테토칩 육개장 사발면에 흥미를 갖고, 비주얼 만족 때문에 인기를 끌고 있는 흑당 버블티까지 재미에 목숨을 거는 게 1990년대생들이다. 따라서 그들이 일하고 싶은 기업은 재미있는 기업이다. 이 재미를 충족시키기 위해 배달의민족은 직원들의 투표를 통해 호수가 보이는 곳으로 회사를 옮기고 회의실 이름에 '팅커벨' '후크 선장' 등으로 이름 붙이고, 직원들 아이들 이름을 딴 서체를 개발하고, 가장 출근하기 싫은 월요일 오전에는 근무하지 않는 4.5일 근무를 실행하고, 피플 팀을 만들어 직원들의 고충을 챙긴다. 그리고 투표로 버킷리스트를 만들어 하나씩 지우는 등 놀이터 같은 직장을 만들어가고 있다. 이렇게 외부 브랜딩과 내부 브랜딩이 일치하는 투명성을 통해 '친구처럼'의 '다움'을 고객들로부터 얻고 있다. 그래서 '배민다움'이라는 말이 퍼지고 있는 것이다.

파타고니아는 어떻게 일관성 있게 환경보호를 추구했는가

파타고니아도 창업자로부터 이야기를 시작하지 않을 수 없다. 파타고니아의 창립자 이본 쉬나드Yvon Chouinard는 14세 때인 1953년에 사냥을 위해 독수리와 팔콘을 훈련시키는 남부 캘리포니아 팔콘 클럽에서 활동할 때 클라이밍을 처음 시작했다. 매년 겨울 주말마다 스토니 포인트에 있는 절벽에 매달렸고 요세미티 암벽에서 살았다. 4년 뒤 그는 등반용 장비 피톤을 스스로 만들어 팔기 시작했다. 하지만 곧 그는 피톤이 바위를 망가뜨리는 걸 알았다.

"'깨끗함'이라는 말이 있습니다. 깨끗하게 올라야 합니다. 우리 다음에 이 바위를 오를 등반가들이 있기 때문입니다. 깨끗하게 올라야 합니다. 망치로 피톤을 박고 빼는 일은 바위에 상처를 입힙니다. 우리 다음에 오를 등반가들의 자연스러운 경험을 망가뜨립니다. 깨끗하게 올라야 합니다. 등반하는 동안 등반가는 바위에 흔적을 거의 남겨서는 안 됩니다. 깨끗하게 올라야 합니다. 깨끗한 등반은 바위를 보존하는 등반입니다. 자연에 더욱 가까워지는 등반입니다."

그는 1973년 본격적으로 의류 사업을 시작하면서 '파타고니아'라는 브랜드를 만들었다. '팀부쿠나 샹그릴라처럼 지도에 없는 멀고 아름다운 곳, 빙하가 지나가며 남긴 아름다운 풍경, 봉우리마다 바람이 울부짖는 곳, 카우초와 콘돌이 사는 곳'이라는 의미로 파타고니아라는 지명을 브랜드로 사용했다.

파타고니아의 '다움'의 가치는 환경보호이다. 이 가치는 창업주의 가치이고 너무나 자연스러워 회사 임직원들의 뼛속 깊이 DNA에 새겨져 있을 정도이다. 그들은 사업을 위해 환경보호를 하는 것이 아니라 환경보호를 위해 사업을 한다고 소리를 들을 만큼 가치 추구에 매달린다. 그들은 이러한 '다움'의 가치를 위한 제품과 서비스를 만들기 위해 전 세계 농약의 10퍼센트가 사용되고 살충제의 25퍼센트가 사용되는 면 소재를 100퍼센트 유기농 면 소재로 바꾸고 친환경적인 신소재들을 개발하는 등 환경을 위한 활동들을 하나하나 실천해 나갔다. 또한 1986년부터 매출의 1퍼센트 또는 이익의 10퍼센트 중 더 많은 금액을 풀뿌리 환경 단체들에 후원했다. 파타고니아는 환경을 위해 인테리어 리뉴얼을 하지 않으며 가능한 인테리어를 배제한 창고와 같은 콘셉트로 매장을 꾸몄다. 이 회사의 유기농 목화는 1,000일 이상 농약이 닿지 않은 땅에 씨를 뿌려 손으로 잡초를 뽑고 무당벌레로 해충을 잡는 방식으로 생산됐다.

이런 환경에 대한 생각이 가장 극단적으로 나타난 게 미국의 가장 큰 쇼핑 시즌인 2011년 11월 25일 블랙프라이데이 아침 『뉴욕타임스』 광고이다. '필요 없는 옷을 사지 말자 Don't Buy This Jacket'는 캠페인이다. 원래는 오래 입어서 더는 입기 힘든 옷을 가져오면 재활용하는 캠페인을 진행했다. 하지만 그것만으로는 부족하다는 생각이 들었고 옷을 오래 입는 것이 제품을 재활용하는 것만큼 중요하다고 여겼다고 한다. 이 캠페인은 내부적으로 논란이 있었지만 그들의 가치 추구에 부합하기 때문에 진행하게 됐다고 설명했다. 그래서 파타고니아 웹사이트를 보면 아버지가 입고 있던 옷을 성년이 된 아들이 다시 입고 올린 사진을 많이 볼 수 있다.

파타고니아의 일관성 중 세월이 흘러도 변함없는 환경에 대한 헌신은 말할 필요가 없다. 그리고 환경과 밀접한 삶을 회사 생활에서도 추구한다. 조직의 안과 밖이 같은 투명성의 조직문화는 다음의 한마디로 요약된다.

"파도가 칠 때는 서핑을 타러 갈 수 있는 정책 Let My People Go Surfing Policy."

파타고니아의 창업자는 여름에는 서핑을 즐겼고 겨울에는 클라이밍을 즐겼다. 그는 직원들이 그와 같이 인생을 즐기기를 원했고 얼마나 야외 활동을 즐기는지, 얼마나 환경보호에 관심이 있는지, 얼마나 독립적으로 일할 수 있는지 등과 같은 채용 기준을 통해 자기와 같은 DNA를 가진 사람을 뽑기를 원했다. 그래서 파타고니아 직원들 대부분은 클라이밍이나 서핑을 즐긴다. 그런데 그저 일과 후에 즐기는 취미가 아니다. 언제든지 자신의 휴식을 위해 시간을 가질 수 있다.

창업자 이본 쉬나드는 자기처럼 직원들도 파도가 칠 때는 사무실에 있기보다 서핑을 즐기기를 원했다. 직원들은 탄력 근무제에 따라 등산, 하이킹 등을 즐기면서 워라밸 지원을 받았고* 사무실 칸막이를 없애 열린 공간으로 바꿨고, 건강한 채소와 과일과 유기농 음식을 매일 먹을 수 있는 직원 식당도 문을 열었으며 300곳 이상의 사내 유치원을 운영하고 있다. 그래서 파타고니아의 이직률은 소매 업계 평균 60퍼센트인 데 비해 겨우 4퍼센트 수준을 유지하고 있다.

파타고니아는 환경보호라는 '다움'의 가치를 가지고 친환경적인 소재의 사용 및 '필요 없는 옷은 사지 말자!'와 같은 광고 캠페인을 통해 시간과 공간의 일관성을 유지하며 '다움'의 가치를 지켜내고 있다.

---

* 하루 9시간으로 보다 압축된 스케줄에 따라 업무를 추진하고 격주마다 사무실을 공식적으로 폐쇄해 직원들의 긍정적 에너지를 유지한다.

3
지역만의 다움으로 장소애를 만들어라

상주공간은 어떻게 상주의 로컬 콘텐츠를 담았는가

상주는 '삼백三白의 고장'으로 불릴 만큼 쌀, 곶감, 누에고치로 유명하다. 특히 상주 명주明紬는 조선 후기 『재물보』에 상주주尙州紬로 기록될 정도로 조밀하고 부드러운 품질의 비단으로 이름이 높았다. 이런 상주에 명주정원이라는 복합 문화 체험 공간이 문을 열었다.

"인생 샷 찍으러 가기 정말 좋을 것 같아요"

"디저트가 맛있어요."

작년 5월에 오픈했는데 네이버에 방문자 리뷰가 243개 달린 핫플레이스인 명주정원은 스타트업 마켓컬리에서 MD를 하던 이민주 대표가 귀향 후 차린 두 번째 복합 문화 공간이다. 막 오픈했을 때 방문했는데 하나하나 공간을 설명하던 대표의 눈빛이 생각난다. 명주정원은 그의 두 번째 꿈이다. 첫 번째 꿈은 상주공간이다.

지난 2019년 8월 상주시청 인근 남성동 주택가에 서울 핫플레이스에서나 볼 수 있는 멋진 카페가 들어섰다. 블로그와 SNS에 올라온 리뷰들이 칭찬 일색이다. 세련되게 꾸며진 건물 외관과 고급스럽게 장식된 널찍한 내부와 멋진 뷰를 자랑한다. 그것만 보면 서울의 여느 화려한 카페와 크게 다르지 않다. 하지만 여기까지만 보고 간다면 상주공간을 절반만 알고 가는 것과 같다.

카페에 앉아 조금만 관심 있게 둘러본다면 이곳이 여느 카페와 다르다는 것을 금세 알 수 있다. 공간과 공간을 나누는 한옥 고유의 문지방, 탁자 곳곳에 비치된 상주 관광 안내서, 책자, 상주 특산물로 만든 각종 디저트와 음료까지. 카페 구석구석과 메뉴 하나하나에 상주의 향기가 짙게 배어 있다. 디저트 카페와 상주. 어쩌면 잘 어울릴 것 같지 않은 이 두 요소가 젊은 창업자의 손에서 멋지게 탄생했다.

멋진 카페를 만든 장본인은 서울에서 함께 직장을 다니다 지난해 고향으로 내려온 이민주와 이민이 자매다. 언니 이민주 대표는 온라인 식품 유통회사 MD로 일했고 동생 이민이 씨는 어린이집 보육교사로 일하다가 고향인 상주에 내려왔다. 둘 다 생애 첫 창업에 도전했다. 창업을 먼저 제안한 이민주 대표는 세계 3대 조리학교 중 한 곳인 프랑스 르 꼬르동 블루 Le Cordon Blue Paris를 졸업한 후 현지 고급 레스토랑에서 일한 경력을 가진 재원이다. 영주권을 따서 프랑스에 정착하고 싶은 욕심도 있었지만 낯선 타지에서 고된 레스토랑 일을 하면서 몸도 마음도 지쳐갔다.

귀국한 이후에는 당시 주목받는 온라인 식품 유통회사에서 상품 운영 MD로 일했다. 다양한 식품을 다루면서 많은 것을 배웠다. 하지만 회사의 성장과 개인의 성장이 같은 방향으로 가지 않는다는 판단이 들어 회사를 그만두고 본격적으로 창업을 준비하기 시작했다.

"한편으로는 쉬고 싶은 생각도 있었고 또 한편으로는 남의 회사에서 일할 것이 아니라 내 것을 만들고 싶다는 욕심도 있었어요."

그녀는 부모님이 상주에서 요식업을 하고 있어 음식과 창업이 친숙했다. 프랑스에서 유학 생활을 하면서도 언젠가 프랑스식 작은 식당인 비스트로bistrot를 국내에서 운영해 보겠다는 꿈이 있었다. 제철 식자재를 이용해 매일매일 메뉴가 바뀌는 작은 음식점을 머릿속에 그렸다. 하지만 큰 노력이 필요한 일일 뿐 아니라 높은 가격대를 수용해 줄 수요층이 있을지에 대해 확신이 서지 않았다.

그녀는 프리랜서로 카페 오픈과 관련한 컨설팅과 메뉴 개발 일을 하고 있었다. 그런 그녀에게 어머니가 도시청년 시골파견제 지원 사업 정보를 알려주었다.

"문경이나 상주에서 6차 산업 아이템으로 사업 시작하는 청년들이 많다면서 한번 해보면 어떻겠냐고 하셨어요. 마감까지 일주일 남은 시점이었는데 부랴부랴 사업계획서를 써서 서류를 통과했어요. '고향에서 내가 할 수 있는 일이 없을까?'라고 생각하던 차였는데 타이밍이 절묘하게 맞았어요."

이민주 대표는 프랑스에서 갈고닦은 요리 실력을 활용해 상주 특산물로 만든 디저트와 브런치 메뉴를 맛볼 수 있는 카페를 손수 만들 겠다는 기대에 부풀었다. 그녀는 서울에서 공립어린이집 보육교사로 일하는 동생 이민이에게 함께해보자고 제안했다. 마침 휴식이 필요했던 이민이가 합류하면서 든든한 지원군을 얻을 수 있었다.

자매가 카페 오픈을 준비하며 가장 심혈을 기울인 부분은 인테리어와 메뉴에 상주의 느낌을 담는 것이었다. 우선 상주시청이 위치한 남성동 주택가의 비어 있는 건물을 카페 자리로 확정했다. 주택가였기 때문에 상권 자체에 대한 기대는 없었다. 그래서 인테리어에 더욱 심혈을 기울였다. 이민주 대표는 시공을 제외한 모든 과정을 주도했다. 직접 공간을 설계했고 2층 공간을 목공 공방으로 만들어서 가구도 직접 제작했다. 버려진 가구를 주워 와 직접 사포질과 대패질을 하고 페인트칠을 해서 세상에 하나뿐인 레트로 감성의 가구를 만들었다. 그중에서도 높은 천정에 페인트를 칠하는 작업이 제일 힘들었다.

"아무리 칠해도 원하는 색깔이 안 나오는 거예요. 그래서 다섯 번을 칠했어요. 엄청 두껍게 발랐는데 나중에 계산해보니 전문가를 쓰는 게 비용이 덜 들었겠더라고요. 비용 줄이려고 정말 처절하게 일했어요."

보통 한 달도 안 걸릴 공사가 두 달 넘게 걸린 데는 이런 사정이 있었다. 직접 디자인하고 사소한 소품 하나까지도 신경을 썼기 때문이다. 그 덕분에 서울의 여느 유명한 카페 못지않게 멋있는 카페로 완성됐다.

특히 구석구석 배어 있는 상주의 흔적은 다른 카페와 상주공간을 구별 짓는 요소다. 시골의 느낌을 내고 싶어 공간과 공간을 분리하는 중문을 한옥식 문지방 형태로 만들었고 탁자 위에는 한국 전통 문양을 넣어 직접 제작한 원목 책갈피가 고풍스럽게 놓여 있다. 한여름 더위와 싸우며 고생한 끝에 드디어 2019년 8월 말에 상주공간이 문을 열었다. 6월에 사업자등록증을 내고 거의 석 달 만에 영업을 시작하였다.

한적한 주택가에 있는 카페지만 남다른 인테리어 때문에 소문이 금방 퍼졌다. 특히 5층 루프탑의 뷰가 좋다는 리뷰가 블로그와 SNS에 올라오면서 지역 청년은 물론이고 부산이나 인근 관광지로 여행을 갔다가 카페를 찾는 관광객들이 많았다. 이들 관광객에게 상주를 알리겠다는 생각으로 카페 안 탁자 위에 상주 관광안내 책자도 비치해 두었다. 가까운 문경은 물론이고 전주나 경주처럼 상주가 관광객을 유인할 수 있는 곳이 되기를 바라고 있다.

"관광객들을 끌어들이려면 차별화된 요소가 있어야 하는데 상주에는 그런 것이 없는 것 같아 아쉬워요. 문경에는 문경새재가 있고 전주에는 한옥마을이 있잖아요. 상주만의 콘텐츠가 절실히 필요해요. 그래서 우리가 할 수 있는 역할을 찾고 있어요."

상주공간이 겉모습만 상주를 지향하는 건 아니다. 음료와 디저트 재료의 대부분을 상주에서 공수한다. 도시 청년 시골 파견제에 지원할 때부터 염두에 두었던 것이다. 그래서 계절이 바뀌면 메뉴도 바뀐다. 봄에는 상주에서 많이 나는 품종인 설향 딸기로 만든 팬케이크가 유명하고 여름에는 복숭아 타르트와 복숭아 블랙티가 인기다. 여름에는 복숭아 외에 블루베리도 풍성하다. '상주베리 축제'가 열릴 만큼 유명하다. 상주 블루베리로 만든 블루베리 에이드는 여름철 인기 메뉴다. 가을에는 상주 사과로 만든 생과일 주스와 타르트, 겨울에는 가을에 절여 놓은 사과 청과 복숭아 청으로 만든 메뉴가 메뉴판에 오른다. 상주 곶감을 이용한 화과자도 대표 메뉴 중 하나이다.

이민주 대표는 상주에서 나는 신선한 제철 식자재를 얻기 위해 열심히 발품을 팔았다. 이곳 토박이인 부모님 덕분에 일부 재료는 알음알음으로 구하기도 하지만 재료를 구하는 일이 쉽지만은 않았다. 특히 곶감과 블루베리를 구하는 데는 애를 먹었다.

"읍사무소에 직접 전화해서 농장을 소개해달라고 요청한 적도 있어요. 결국 이장님이 연결해주셔서 구할 수 있었어요. 워낙 소량 구매이다 보니 농민들이 귀찮아하세요. 농장에서는 버려지는 과일 파지도 즙 제조사로 바로 납품되거든요. 그래서 농민들이 최대한 번거롭게 느끼지 않도록 노력했어요."

그녀는 고생은 했지만 상주에서 나는 재료로 만든 음료와 디저트라는 점에서 손님들이 흥미를 느끼고 재미있어 하는 모습에 힘이 난다고 말한다.

"카페를 운영하다 보니 그날그날의 매출에 따라 기분이 달라지더라고요. 기분이 안 좋다가도 블로그 리뷰에 칭찬하는 글이 올라오면 종일 기분이 좋아져요. 짧은 글인데도 그런 것 하나하나가 쌓여서 제가 버틸 힘이 되는 것 같아요."

손님들의 칭찬에 힘을 얻어 이민주 대표는 또 한 번 새로운 메뉴를 구상하고 있다. 이름도 '상주 디저트 한 상'으로 지어놓았다. 상주산 특산물로 만든 정과와 다과 그리고 맛을 더 보완한 화과자를 한 상에 담아 상주를 닮은 전통적인 느낌의 디저트를 선보일 계획이다. 이외에도 앞으로 메뉴에 상주의 느낌을 더 담을 수 있도록 다양한 시도를 이어갈 생각이다.

브런치 메뉴도 본격적으로 고민하기 시작했다. 애초에 이민주 대표가 생각했던 상주공간은 지금과는 조금 달랐다. 11시부터 3시까지는 브런치와 디저트 카페로 하고 밤에는 안주와 함께 술을 마실 수 있는 바를 운영해 시간대별로 다르게 해볼 생각이었다. 하지만 음식과 술을 취급하는 순간 환경부담금을 내야 하기 때문에 잠시 미루어 둔 상태이다. 조만간 브런치 메뉴를 선보이며 상주공간의 또 다른 모습을 보여줄 계획이다.

카페 이름이 상주공간인 만큼 상주 지역을 기반으로 활동하는 작가와 예술가들이 열린 공간으로 사용하는 공생 방안도 고민하고 있다. 실제로 올해 인근 공방 작가들과 연계해 세 차례에 걸쳐 목공, 자수공예, 비누공예 원데이 클래스를 진행했다. 공간을 무료로 빌려줄 뿐 아니라 참가자들에게 음료까지 무료로 제공했다. 그 외에도 스몰 웨딩 공간으로 카페를 빌려주기도 하고 루프탑에서 영화를 상영하는 등 문화 공간이 될 방법을 찾고 있다.

이민주 대표는 지난 2년간 정신없이 달려오며 소상공인의 애환을 절실히 느끼고 있다.

"매출 결과에 대한 스트레스가 회사 다닐 때와는 역시 다르게 다가오더군요. 생계가 달린 문제잖아요. 매출이 안 나오면 직원 월급을 줄 수 없다는 생각에 금전적인 압박을 느껴요."

코로나19로 인해 2주 넘게 문을 닫으면서 매출이 70퍼센트 이상 줄어드는 경험도 했다. 한때는 정부 지원금으로 버틴 적도 있었다. 그렇게 어려운 상황에서도 코로나19로 인해 고생하는 보건소 의료진을 위해 음료를 만들어 제공하기도 했다. 그는 창업으로 고생도 했지만 얻은 것이 더 많다고 했다.

"제가 노력하는 것에 따라서 결과가 달라질 수 있다는 점이 직장 다닐 때와 다른 것 같아요. 직장 다닐 때는 회사의 성장이 그대로 개인의 성장으로 이어지긴 어렵거든요. 그런데 내 사업을 하게 되면서 그 결과가 온전히 제 성장으로 이어지더라고요. 성취감이 남달라요. 그래서 매일매일 하고 싶은 게 생겨요."

두 자매는 카페를 운영하는 바쁜 와중에도 콘텐츠 개발에 심혈을 기울이고 있다. 앞으로 상주공간은 상주의 느낌을 줄 수 있는 메뉴를 더 개발하고 인테리어도 계속 변화시키면서 그 이름에 어울리는 공간으로 만들어갈 계획이다. 직접 만든 쿠키와 상주 감으로 만든 화과자를 온라인으로 판매하고 싶다는 욕심도 생겼다. 상주의 느낌이 물씬 풍기는 예쁜 패키지를 만들어 팔 계획이다. 루프탑 공간에 대한 고객들의 칭찬에 힘입어 더 멋진 공간으로 꾸며볼 계획도 갖고 있다.

"손님들이 카페에서 좋은 기억이 될 만한 순간을 만들 수 있었으면 좋겠어요. 그런 의미에서 단순히 음료를 마시고 디저트를 먹는 공간에서 그치지 않고 콘텐츠를 소비할 수 있는 공간으로 만들고 싶어요."

이민주 대표와 이민이 자매는 위기 앞에서 아직 무릎을 꿇지 않았다. 오히려 더 앞으로 달려가기 위해 숨을 고르고 새로운 도전을 준비 중이다. 상주공간 꾸미기는 현재 진행형이다.

능행은 어떻게 성주에서 젤라또 아이스크림을 팔게 됐는가

"감사합니다. 단골이 되었네요."
"맛있어요. 호박이랑 팥이랑 다 맛있어요. 완전 추천"

수제 제품 전문 사이트 아이디어스에 올라온 수제 아이스크림 제품의 후기들이다. 이 아이스크림 가게는 흔치 않은 젤라또 아이스크림을 파는 곳이다. 젤라또는 '얼었다'라는 뜻의 이탈리아어이다. 일반적인 아이스크림의 공기 함유량이 50퍼센트 이상인 데 비해 젤라또는 공기 함량이 35퍼센트 미만으로 밀도가 치밀해 맛이 진하다. 유지방도 일반 아이스크림의 16~20퍼센트보다 적은 4~8퍼센트 수준인 건강한 아이스크림이다. 이 가게는 서울이 아닌 경북 성주에 있다.

이 젤라또 아이스크림 집의 이름은 '능히 행하다.'라는 뜻을 가진 능행能行이다. '능히 행하다.' 쉬운 말인 듯하지만 어려운 말이다. 하고 싶고 해야 하는 일들을 능히 행할 수 있는 사람이 얼마나 있을까? 권은아 대표에게 물어봤다. 그는 왜 그 일을 시작했고 또 어떻게 능히 행할 수 있었는지 말이다.

농촌의 미래는 6차 산업[6]에 달려 있다. 농업이라는 1차 산업에 가공이라는 2차 산업을 더하고, 마지막으로 유통 및 관광 서비스라는 3차 산업까지 되어야 한다. 문제는 중간 단계인 2차 가공 산업이 활성화되어야 하는데 만만치가 않다. 지역 어르신을 대상으로 가공 산업에 관한 교육을 한다고 하지만 그것만으로 전문성을 확보하기에는 역부족이다. 마치 오랜 세월 도시에서 직장생활만 했던 사람이 교육을 받는다고 농촌에 내려와 바로 농사를 지을 수 없는 것과 같다. 그렇다면 전문적인 인력이 지역에 정착하는 것이 가장 좋은 방법이다.

지역에는 상처가 나거나 못 생겨서 판매되지 못하는 열과裂果가 넘쳐난다. 이를 활용하면 아주 싼 가격에 원재료를 확보할 수 있다. 능행의 권은아 대표는 '시골에 사는 아이스크림'이라는 프로젝트명으로 성주에서 참외를 활용해 아이스크림을 만들며 6차 산업을 향하는 길에서 징검다리 역할을 톡톡히 해내고 있다.

30대 중반의 권은아 대표는 10여 년간 스낵 및 식품 제조회사에서 직장생활을 했지만 단 한 번도 창업을 생각하지는 않았다. 여느 직장인과 마찬가지로 회사에 충성하고 팀원 역할에 충실했을 뿐이다. 퇴사를 결심한 후에도 어학연수를 떠날 계획을 세운 게 전부였다. 그래도 10년 정도의 경력이면 나름대로 창업을 생각해 볼 수도 있을 테다. 하지만 식품 가공 분야가 기술만 있다고 해서 되는 것이 아니다. 공장도 마련해야 하고 제조기기도 설치해야 하고 까다로운 각종 인증도 받아야 한다. 그야말로 제조업이다 보니 30대 직장인 출신으로서는 엄두를 내기가 힘든 것이 현실이다.

권 대표 역시 이런 여러 이유로 창업은 아예 생각하지도 않았다.

하지만 그랬던 그녀가 이제 어엿한 아이스크림 제조회사의 대표가 되었다. 제조 시설을 확장해 본격적인 유통에 나설 예정이다. 과거에는 엄두도 내지 못했던 일을 지금은 아무렇지 않게 한다면 분명 그 과정에 '아주 특별한 계기'가 있다는 것을 짐작할 수 있다. 공중파 방송의 다큐멘터리 프로그램 출연은 그녀의 자신감을 높여주는 결정적인 요인이 되었다.

"방송 출연 후 매출이 오르기도 했지만, 그보다는 '과연 내가 만든 아이스크림을 사람들이 좋아할까?'라는 그간의 걱정을 일거에 날릴 수 있어서 좋았어요. 구매 후기나 댓글의 긍정적인 피드백으로 자신감을 얻었고, 그 과정에서 시장성까지 충분히 확인할 수 있었어요."

이제 그녀는 제품에 관해서는 완전히 자신감을 얻었다. 향후 4,000만 원에 달하는 제조 시설 투자 비용을 자비로 마련하려는 것도 자신감이 밑바탕에 있기 때문이다. 지역 농산물을 원재료로 활용하고 특히 성주 참외를 아이스크림 개발에 본격적으로 접목할 계획이기 때문에 지역 농산물 활용을 통한 2차 가공 산업의 활성화가 가능하다.

현재 성주 지역에서 참외를 원재료로 해서 아이스크림을 만들어내는 곳은 능행이 유일하다. 그간 적지 않은 지역 농가가 2차 가공을 간절하게 원했고 또 지역 관공서 역시 지역 농산물 사업의 활성화에 관심을 쏟아왔다. 하지만 식품 가공 전문가들은 모두 서울과 대도시에 몰려 있어 경북의 작은 도시에까지 내려오지는 않았다. 권 대표의 시골 창업이 많은 사람의 관심을 받는 것도 바로 이런 이유 때문이다.

"성주 참외는 전 국민이 다 알 정도로 유명한 지역 특산품이지만, 지금까지 가공식품으로서 성공한 적은 거의 없다고 하더라고요. 그래서 이곳 부군수님도 관심을 주시고 지역 참외 농가에서도 관심이 많아요. 현재 참외를 분말로 만들어 사시사철 아이스크림에 활용할 수 있는 방법을 연구하고 있어요. 분말이 아닌 상태의 참외는 유통기한이 짧고 농사 기간도 한 철이기 때문에 1년 내내 만들지 못하거든요.

하지만 분말이라면 문제가 되지 않아요. 또 지역민들의 관심과 사랑을 많이 받는 것도 시골 창업의 장점이에요. 우리 작업장을 임대해 주는 분이 직접 농사를 지은 늙은 호박을 공짜로 주셔서 '늙은 호박 아이스크림'도 만들어봤는데 그것도 주변 분들에게 인기가 좋았어요. 올해는 저희 주려고 애호박 농사도 더 지으셨다고 하시던데요."

대구에서 식품가공학 석사를 취득한 권 대표는 10년 전 서울에 있는 한 중견 제과 회사에 입사할 수 있었다. 지방대 출신 여성이 자신의 전공을 살려 서울에서 취업하기란 쉽지 않다. 그녀 스스로 '운이 좋은 케이스'라고 말한다. 하지만 직장생활 초기에는 적지 않은 고생을 했다. 금요일에 최종 면접을 본 후 곧바로 연락이 와서 그다음 주 월요일부터 출근하라고 했던 것. 대구에서 태어나 단 한 번도 타지에서 생활해본 적이 없었기에 당황할 수밖에 없었다. 게다가 집 구할 시간을 2~3일 정도는 줄 것이라 예상했다. 그런데 출근 당일 퇴사하는 직원을 위한 송별회에 참석한데다 다음 날도 근무해야 해서 집을 구할 여유가 없었다. 다행히 친구가 고시원에서 지내고 있어 그곳에서 일주일간 함께 생활했다. 한 명이 눕기에도 좁은 고시원에서 두 명이 몸을 부대끼며 살아야 하는 일이 여간 힘들지 않았다. 일주일 뒤에 부모님이 서울에 올라와 집을 얻어 주어 겨우 안착할 수 있었다. 꽤 기억에 남을 만한 직장생활의 출발을 경험했는데 팀원의 구성은 더욱욱 놀라웠다.

"이제 막 팀장이 되신 분이 저를 뽑았고 함께하는 팀원이라고 해봐야 겨우 입사 1년 차 선배였어요. 바로 제 위에 있어야 할 3~4년 차 대리들이 모두 이직하는 바람에 주변에서도 우리를 '불쌍한 팀'이라고 불렀을 정도였어요. 하지만 오히려 그게 더 도움이 된 것 같아요. 일종의 '전우애'가 생기더라고요. 그때부터 한 3~4년간 너무 힘들었지만, 그 대신 많은 업무를 배웠어요. 제 동기들이 3~4년 차가 되어야 배울 수 있는 것을 저는 1년 만에 다 배웠어요."

입사 후 배정된 첫 팀은 '당과 개발팀'이었다. 초콜릿이나 사탕류의 제품을 연구하고 제품화하는 팀이었다. 많은 사람이 좋아하는 초콜릿 바와 어르신들이 좋아하는 양갱류가 그녀의 손을 거쳤다. 이후 스낵 개발팀으로 옮겨갔지만, 과거 힘들게 일하며 배웠던 것과는 정반대로 일이 너무 편해 자기계발 차원에서 의문이 들었다.

그녀는 장래성이 없다고 생각해 5년 만에 회사를 그만둔 후 중국어를 배우기 위해 1년의 유학을 계획하고 대만으로 떠났다. 나중에는 영어도 배울 생각이었으니 나름 원대한 계획을 세웠던 것이다. 식품은 원재료가 중요하기 때문에 해외에서 원재료 수출입에 관한 일을 해보자는 자신만의 비전이 있었기 때문이다. 그런데 대만에 도착한 지 그리 오랜 시간이 흐르지 않아 한국에서 러브콜이 왔다. 흑당 수입 및 비정제 과당 제조 중소기업을 운영하던 사촌 오빠가 그녀의 퇴사 소식을 들은 후 함께 일하자고 제안해왔다. 처음에는 고민이 되었지만 신생 기업에서 일해 보는 것도 나쁘지 않다는 생각에 다시 한국으로 돌아왔다.

이곳에서 그녀는 제품 개발은 물론이고 공장 운영, 재료 구매, 거래처 관리 등의 전반적인 업무 흐름을 배우게 됐다. 이후 창업에도 큰 도움이 되었다. 그러나 지속적으로 경기가 하락하고 회사 경영 상황도 좋지 않은 상태였다. 회사에서는 "월급을 좀 줄여서라도 함께 열심히 해봅시다." 하는 이야기가 오갔다. 하지만 권 대표는 그렇게 하면 직원들의 사기가 많이 떨어질 것 같아 차라리 조그만 흑당 관련 가게를 열고 체험장이나 교육장을 해볼까 하는 마음을 갖고 다시 퇴사했다. 그리고 때마침 만나게 된 것이 바로 경상북도 경제진흥원의 도시 청년 시골 파견제 사업 공고였다.

이제까지 쌓아온 경력에 든든한 지자체의 지원으로 창업도 괜찮을 것이라는 생각이 들었다. 게다가 자신이 직접 제품을 개발하면 다른 기업들과 달리 '건강한 아이스크림'을 만들 수 있다는 자신감도 있었다. 큰 회사의 경우 때로 맛과 경제성을 위해 첨가물을 넣기도 한다. 직장생활 내내 마음에 걸렸다. 그뿐만 아니라 성주 지역의 참외를 활용하면 꽤 괜찮은 제품이 탄생할 것이라는 직감도 들었다. 그렇게 해서 권 대표는 언니인 권세라 씨와 함께 과감하게 창업에 도전했다. 권세라 씨는 영어에 능통하면서도 식품 업계에 관심이 많았기 때문에 함께 창업을 할 수 있는 믿음직한 동료이기도 했다. 그렇게 해서 처음 제품화한 것이 '능행 젤라또'였다. 이 제품은 12가지 맛을 볼 수 있는데 온라인을 통해 판매되고 있다.

능행 젤라또는 공기의 함량을 줄이고 유크림을 많이 넣지 않아 조직이 치밀하고 쫀득한 맛이 나며 다량의 원재료를 넣어서 맛이 풍부하다. 이렇게 해서 탄생한 것이 바로 참외 아몬드, 참외 진저, 참외 유자, 흑당 바닐라, 흑당 쿠앤크 등의 차별화된 5가지 레시피다. 현재 온라인 주문이 적지 않아 두 명이 수작업으로 아이스크림을 만들기에는 한계에 도달했고 제품 증산을 위한 고민을 하고 있다. 권 대표는 여기까지 오는 데 자신의 노력도 컸지만, 경상북도의 도움이 컸다고 얘기한다.

"한 마디로 경북 경제진흥원은 사업의 큰 산을 넘게 해준 원동력 같은 곳이었어요. 창업을 생각하지도 못한 제가 이렇게 제조 공장까지 만들 수 있도록 해주었거든요. 저도 가끔 점점 성장하는 회사를 보면서 '그래, 이게 참 쉽지 않은 일이기는 해.'라는 생각이 들곤 해요. 하지만 어느덧 아무렇지도 않게 하나씩 이뤄가고 있는 모습을 보면서 창업하길 잘했다는 생각이 들어요."

특히 그녀가 감탄하는 부분은 바로 경상북도에서 지원하는 컨설턴트 제도이다. 각 분야의 전문가들이 창업자의 어려움에 대해서 일대일 컨설팅을 해주는데 그 내용이 매우 구체적이고 실질적이어서 많은 도움이 된다고 한다. 과거 사촌 오빠의 회사에서 일할 때도 컨설턴트들을 많이 봐왔다. 그래서 진흥원의 컨설턴트들이 어느 정도의 능력인지를 체감할 수 있었다고 한다. 예를 들어 마케팅에 관한 상담을 하면 사진을 몇 장 올리라는 구체적인 조언을 해주고 특허에 관한 상담을 하면 다음 날 바로 변리사가 와서 방법을 이야기해 주었다고 한다. 로컬 크리에이터들이 아무런 기반도 없이 창업할 때 이런 환경과 제도는 적극적으로 알아보고 활용하는 게 좋다. 경상북도뿐만 아니라 각 지자체는 로컬 크리에이터를 위한 여러 프로그램을 진행하고 있으니 잘 알아보자.

권 대표가 시골 창업에 만족하는 이유는 '더 많은 도전을 할 수 있는 시간과 여유'가 존재한다는 점이다.

"도시에서의 치열하고 바쁜 생활이 자신의 적성에 맞는다면 그것도 괜찮다고 생각해요. 하지만 저는 시골에서 생활하면서 '한 발짝 뒤로 물러서는 기회'를 많이 갖게 돼요. 더 많은 아이디어가 떠오르고 쫓기지 않으면서 여러 가지에 도전해볼 기회가 있어요. 또 실패해도 다시 도전할 수 있는 여유도 있어요. 게다가 요즘에는 시골이라고 해도 워낙 교통이 잘 발달해 있어서 불편한 점이 별로 없어요. 맛집도 많아서 이제는 단골 가게까지 생길 정도예요. 좀 더 여유를 가지고 삶의 반경을 넓히고 싶다면 시골 창업을 적극적으로 권하고 싶어요."

도시에서 생활하던 직장인들이 시골에서 창업하기란 쉬운 일이 아니다. 그러나 생각의 틀을 바꾼다면 오히려 더 많은 기회가 있다. 그리고 이러한 기회의 문을 열어주는 것이 바로 지역 지자체와 경제 분야를 지원하는 기관의 임무이기도 하다. '지역 경제 활성화'라는 절체절명의 과제는 결국 기술과 인력의 유입이 있어야만 가능한 일이기 때문이다. 그런 점에서 권 대표의 창업기는 도시에서 일하는 식품 가공 전문가가 어떻게 지역 농산물을 활용해 2차 가공품을 만들어내는지에 관한 소중한 사례가 될 수 있을 것이다.

능행에는 '다움'이 있다. 나다움이 있다. 식품가공학 석사를 하고 서울에서 식품 회사에 다니던 대표와 참외의 고장 성주가 만나서 만든 젤라또에는 세상 그 어디에도 없는 능행다움이 있다. 이 다움이 작가의 제품만을 파는 수공예와 수제 먹거리를 파는 아이디어스를 만나 세상과 연결되어 날개를 달고 있다. 그는 다움의 가치를 가지고 아이디어스에서 한 사람 한 사람과 소통하고 있다. 능행은 지역의 못난이 참외의 유통을 돕고 농식품 제조 가공을 통해 6차 산업으로 가는 다리를 놓고 있다. 무엇보다 그는 라이프스타일의 모험가이다. 모두가 가는 뻔한 라이프스타일이 아닌 지역에서 나만의 방식으로 나만의 속도로 살기를 선택한 새로운 라이프스타일의 모험가이다.

4
한 명을 매개로 전 지구인을 연결하라

    2019년 11월 유튜브에 한 여고생의 커버 영상이 업로드됐다. 가수 비의 「깡」을 패러디한 영상인데 댄스 실력과 현란한 카메라 워크로 시청자들의 시선을 사로잡았다. 2020년 11월 기준으로 약 1년 만에 530만 뷰를 넘어섰다. 원래 가수 비의 「깡」이라는 노래는 2017년 12월 출시했는데 대중으로부터 엄청난 무시와 조롱을 받았다. 그러나 그 여고생의 1일 1깡 영상 후에 대중의 관심이 변했고 수많은 밈이 만들어졌다. 그러다가 다음 해 5월 「놀면 뭐 하니」 공중파 출연을 계기로 「깡」과 비는 다시 화제의 중심에 섰다.

    재미있는 것은 이 화제의 와중에 고객이 농심 새우깡 모델로 비를 밀었고 농심 측에서도 「깡」은 좋은 홍보 감이어서 비를 모델로 새우깡 광고를 만들었다. 이 광고가 40일 만에 270만 조회를 돌파했고 2020년 7월 새우깡 감자깡 등 4개 깡 제품의 매출이 역대 최초로 100억 원을 넘는 일이 발생하였다. 이런 현상은 깡만이 아니다. 김영철의 '4딸라'도 밈 현상의 대표적인 사례로 언급되었고 그걸 패러디해서 만든 버거킹의 4딸라 광고도 누적 판매량 1,000만 개를 기록할 정도로 히트를 했다.

초연결성 시대가 되면서 고객은 예전보다 더 많은 정보를 안다. 또 자신의 의사를 주저하지 않고 표현한다. 적극적으로 변한 소비자는 콘텐츠를 생산하고 유행을 확산시키는 연결의 주체로 바뀌고 있다. 한 명의 여고생이 만든 「깡」 비디오가 업로드한 결과가 가져온 현상을 보라. 연결이 또 다른 연결을 만들어 세상을 변화시켰다. 이 사건은 오늘의 고객과 마케팅 사이에 있는 연결성에 다시 생각하게 한 사건이다. '다움'은 오늘날 연결성 시대 마케팅 성공의 필요조건이다. 하지만 충분조건으로서 '연결'이 없다면 필요조건은 무의미하다. 초연결성 시대의 가장 큰 가치는 연결을 만드는 힘이다. 초연결성 시대 연결에 대한 인식, 태도, 그리고 연결 구조에 대한 모색을 통해 연결성을 어떻게 강화할지 생각해보자.

초연결 사회에서는 고객이 연결이다

4차 산업혁명의 본질을 가장 잘 표현하는 낱말로 초연결 사회를 들 수 있다. 초연결 사회는 인터넷을 통해 사람 간의 연결은 물론이고 사람과 사물, 심지어 사물 간 연결 등 말 그대로 '연결의 영역 초월'이 이루어지는 것을 의미한다. 초연결은 단순한 연결과는 다르다. 지금까지 연결이라 하면 어떤 주체와 다른 주체 사이의 소통이라고 이해되었다. 그런 의미의 연결은 각각의 주체를 우선하는 개념이지 그들 사이의 관계에 초점을 두지는 않는다. 그러나 연결이 훨씬 더 많아지고 복잡해지면서 급기야 초연결은 각각의 주체 간의 단순한 정보 교환 이상의 의미를 지니기 시작했다. 연결을 넘어 '관계'로 진화하고 있고 관계가 주체를 다시 규정하고 변화시키고 있다. 켈로그경영대학원의 필립 코틀러Philip Kotler 교수는 저서 『마켓 4.0』에서 이렇게 말했다.

"연결성은 고객이 남들 앞에서 의견을 표현하게 해준다. 연결성은 고객이 브랜드를 옹호할 수 있는 완벽한 환경을 창조하고 있다. 연결성으로 인해 브랜드와 고객의 관계는 이제 수평적이다. (…중략…) 고객은 동료이자 친구이며 수동적 목표물이 아니라 적극적인 커뮤니케이션 미디어이다."

예전의 고객이 개별적 개인이라면 이제는 관계가 반영된 커뮤니티이다. 온라인과 오프라인을 망라한 광범위한 네트워크로 공동 연대해 행동으로 옮기기 때문이다.

고객이 연결인 것은 고객 구매 행동의 변화에서도 나타난다. 지금까지 고객 경로에서 사용되어온 대표적인 모델은 '아이다AIDA'였다. 고객이 제품을 구매하기까지 인지하고Aware 흥미를 가지고Interest 욕망하고Desire 구매Act하는 과정을 거친다는 것이다. 이 아이다 모델에 흥미와 욕망을 합쳐 태도Attitude로 하고 고객의 반복 구매Act Again를 넣어 연결성 이전 시대의 구매 경로 모델로 4A 모델을 얘기하기도 한다. 즉 인지Aware - 태도Attitude - 구매Act - 반복 구매Act again이다. 이때는 태도가 중요했다. 태도는 한번 결정되면 바꾸기 쉽지 않았고 그것이 구매와 반복 구매로 연결된다는 것이다. 마케팅은 태도를 바꾸기 위해 엄청난 노력을 기울였다. 그래서 삼성전자 등 글로벌 기업들도 1년에 두 차례씩 브랜드 태도 조사BAS, Brand Attitude Survey를 하면서 고객의 브랜드에 대한 태도를 조사했다. 그러나 이 모델은 오늘날 연결성의 시각으로 보면 몇 가지가 불편하다.

첫째는 인지에서 반복 구매에 이르는 과정이 단선적이라는 것이다. 현실에서 고객의 행동 경로는 훨씬 더 복잡하다. 인지 후 행동할 것 같지만 '행동 전'이 아니라 '행동 후'에도 바뀐다는 것이다. 어떤 결과가 발생하고 나면 그 결과에 대한 당위성을 부여하게 마련이다. 애인과 헤어지고 나면 헤어질 수밖에 없는 단점이 생각나고 어차피 헤어질 수밖에 없었다는 입장을 취한다는 것이다.

둘째는 이 모델은 깔때기 모델이라는 것이다. 인지에서부터 반복 구매까지의 숫자가 점차 줄어든다는 사실이다. 요즘 구매 행동에 대해 깔때기 모델보다는 구매 물고기 모델을 많이 얘기한다. 자동차 업종을 사례로 살펴보면 고객들은 자동차를 구매하기 위해 평균 140일 전에 제조사 사이트를 중심으로 검색을 시작하고 59일 전에 매장을 방문해 자동차를 살핀다고 한다. 그 이후에는 보배드림 등의 중고차 사이트를 주로 방문해 가격을 비교하고 구매 사용 후기를 중심으로 검색 활동을 진행한다. 그리고 다시 전시장으로 가서 시승해 보고 가격을 흥정하고 차량 구매를 결정하는 등 구매 경로가 되돌아 가는 반복도 많아서 깔때기 모델이 아니라 가운데 과정인 탐색과 질문 단계가 불룩한 물고기 모델을 따른다는 것이다.

셋째가 가장 큰 문제인데 고객을 인지의 축적으로 태도를 바꿀 수 있는 대상으로 인식한다는 것이다. 그래서 기존에는 엄청난 마케팅 캠페인을 통해 고객 태도 변화를 도모했다. 그러나 오늘날 고객은 더는 대상인 객체가 아니다. 하나의 주체로서 고객의 적극성을 인정해야 한다.

이런 문제들로 인해 필립 코틀러 교수는 4A 대신에 초연결성 시대 고객 경로로 5A 모델을 제안했다. 인지$_{Aware}$ - 호감$_{Appeal}$ - 질문$_{Ask}$ - 구매$_{Act}$ - 추천$_{Advocate}$의 5A가 그것이다. 태도는 호감과 질문으로 바뀌고 반복 구매는 추천으로 바뀌었다. 적극적인 고객을 상정하다 보니 질문이라는 항목이 추가되었다. 얼마나 적극적인지는 비의 「깡」 현상에 나타난 고객들이 그들이다. 최초 커버 비디오를 업로드한 여고생이 그렇고 그 여고생처럼 1일 1깡을 하면서 밈을 만들어 퍼뜨린 고객들이 수천수만일 정도로 이제는 모두가 계기만 주어진다면 적극적인 고객이다.

또한 초연결성 시대의 구매는 사회적 구매를 의미한다. 내가 그 제품을 실제 사지 않아도 사회적으로 그 제품에 대한 추천과 옹호를 할 수 있다. 내가 믿는 친구나 커뮤니티가 그 제품을 옹호하고 추천했을 때 나도 그 제품을 써보지 않았지만 추천하는 것이다. 비의 「깡」 유

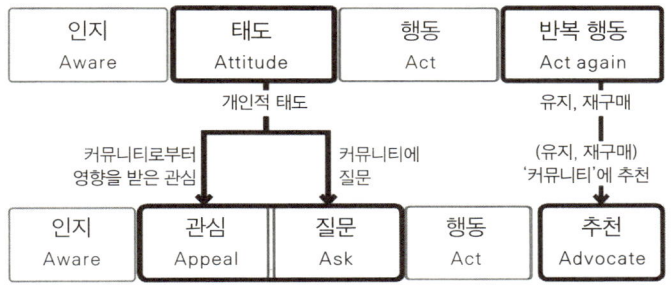

행도 아마 모든 사람이 다 비디오를 보고 그걸 추천한 게 아닐 수도 있다. 친한 친구가 보고 좋다고 하니 "야, 너 깡 비디오 봤어? 1일 1깡 알아?"라며 나도 같이 그 유행에 편승해서 유행을 권하는 것이다. 어쨌든 브레이브 걸스의 차트 역주행도 고객 추천의 힘이 만들어낸 사람들의 자발적 추천을 통해 확대 재생산한 사건이다.

필립 코틀러 교수의 5A 모델에서 가장 중요한 것은 추천이다. 추천은 질문에 대한 답이 되어 나의 경험을 다른 사람과 연결하는 경험적 연결성이 되기도 하고 커뮤니티 안의 사회적 연결성에 의해 다른 사람의 구매를 촉진하기 때문이다. 초연결성 시대에 고객은 연결이다.

고객 한 명이 네트워크이고 콘텍스트다

아마존 밀림에서 뒤엉킨 뗏목을 움직이게 하는 단 하나의 나무가

'킹핀'이다 그리고 이 킹핀을 찾아서 뽑아낼 줄 아는 사람이 프로이다. 킹핀이란 볼링 게임에서 10개의 핀을 모두 쓰러뜨리는 급소가 되는 핀을 말하기도 한다. 비슷한 개념으로 연결의 허브라는 개념도 있다. 주변의 점들과 비정상적으로 많이 링크된 점이 허브이다. 초연결 시대 전에는 연결의 허브를 찾고 킹핀을 찾았다. 그러나 초연결 시대의 우리는 모두 페이스북, 인스타그램, 블로그, 단톡방 등 수많은 SNS에 가입되어 있다. 우리 하나하나가 킹핀이고 파워 블로거이고 인플루언서이다. 『오가닉 미디어』의 저자 윤지영 박사의 이야기처럼 "나는 연결이고 네트워크이고 다른 사람의 콘텍스트"이다.

개인의 경험이 한순간에 연결을 통해 전 세계로 알려지는 것은 이제 쉽게 볼 수 있다. 몇 년 전 한 가족이 플로리다주에 있는 호텔에 휴가를 갔다 왔는데 집에 와서야 아들이 아끼는 기린 인형 '조시'를 두고 온 것을 깨달았다. 아버지가 호텔에 전화했다.

"우리 아들에게는 조시가 휴가를 갔다고 얘기해뒀으니 빨리 그 인형을 찾아서 좀 보내주세요."

며칠 뒤 인형이 집으로 배달됐다. 거기에는 조시가 휴가를 즐기는 것 같은 사진이 함께 동봉돼 있었다. 조시가 골프 카트를 운전하거나 선탠을 하고 마사지를 받는 것 같은 사진이었다. 감동한 고객은 이 스토리와 사진을 본인의 모든 SNS 사이트에 올렸고 온 세상이 알게 되었다. 리츠칼튼 호텔의 기린 인형 조시의 사연이다.

온라인 신발 쇼핑몰 자포스도 고객에 대한 오롯한 집중으로 유명하다. 자포스는 고객 대상 콜센터를 '콘택트 센터contact center'란 이름으로 운영한다. 이 콜센터는 아무런 방해를 받지 않고 전화로 고객과 5~10분 정도 이야기할 수 있다. 고객을 뭉뚱그려 단순하게 정의해 버리면 5~10분간 통화할 수 없다. 한 사람 한 사람에게 집중해 얘기할 때 개인적 또는 감정적 유대감을 쌓을 수 있다. 이 '콘택트 센터'에서 가장 길게 고객과 얘기한 시간은 10시간 43분이라고 한다.

자포스는 물류 센터도 단순 배송 센터가 아닌 '풀필먼트 센터FC, Fulfillment Center'라고 표현한다. '만족스러운 고객의 주문 처리'를 뜻한다.

대부분의 온라인 거래 업체들은 재고를 보유하지 않고 고객 주문이 들어오면 고객의 주문을 제조업체로 던져버린다. 거기에는 주문만 있지 '사람'이 없다. 자포스는 제품을 구매해 재고를 보유하고 있다가 고객이 주문하면 바로 배송한다. 물류비용과 재고 비용이 더 든다. 하지만 고객 한 사람에게 오롯이 집중해 그의 주문을 이행한다는 생각으로 접근하기 때문에 가능한 일이다. 10명 중 9명 이상의 고객이 자기 주변의 사람을 자포스로 연결시킨다고 한다. 자포스는 항상 온전히 한 사람에게 집중하기 때문에 고객의 세계 속으로 연결되는 것이다.

'지금 이 순간 오직 한 사람에게 오롯이 집중해야 한다.'는 것은 초연결 시대라는 특징으로 인해 갈수록 중요해진다. 연결성의 역설이라는 개념이 있다. 연결돼 있어서 오히려 더 외로운 현상을 말한다. 우리는 많은 SNS에 가입돼 있고 지인들과도 24시간 연결돼 있다. 그러나 그들 간의 소통을 보면서 외로움은 더욱 커진다. 다른 연결로 소통에 몰입하지 못하고 겉돌기도 한다. 그래서 갈수록 아날로그적 상호작용을 갈망하고 충족시켜 주는 서비스가 고객에게 감동을 준다. 한 명의 고객은 하나의 세계이다.

고객을 참여시키고 머무르게 해야 한다

초연결성 시대 고객은 연결의 객체이자 주체이다. 고객의 참여는 연결의 구조 만들기에 가장 중요한 부분이다. 고객의 참여와 관련해 필립 코틀러 교수는 저서『마켓 4.0』에서 고객의 참여를 활성화하기 위해 제품은 공동 창조Co-Creation, 가격은 참여에 따라 가격이 변하는 통화Currency, 유통은 공동체 활성화Communal Activation, 프로모션은 고객과의 대화Conversation 등 이른바 '4C'를 제안한 바 있다.

첫 번째, 제품은 공동창조Co-Creation이다. 공동 창조와 관련해서는 샤오미의 미유아이MIUI 인터페이스 얘기를 하고 싶다. 미유아이는 소프트웨어 플랫폼이자 고객 참여의 장이다. 어느 날 샤오미의 레이 쥔Lei Jun 회장은 공동 설립자이자 부총재인 리완창Li Wangiang에게 "돈을 쓰지 않고 100만 명이 미유아이를 쓰게 할 수 있을까?"라는 질문을 던졌다고 한다. 이 질문에 답하기 위해 100명의 슈퍼 유저를 발굴해 피드백을 받는 데서 출발했다. 이들 슈퍼 유저는 1년 후 50만 명이 됐고 2014년 기준 2,000만 명이 됐다. 샤오미는 일종의 연예인과 같은 팬덤 문화를 만들어낸 것이다.

레이 쥔 회장은 "우리는 스마트폰을 파는 것이 아니라 참여 의식을 파는 회사다."라고 말한다. 슈퍼 유저가 "샤오미 폰은 내가 만든 폰이다."라고 말할 정도로 애착을 두고 홍보 마케팅을 하다 보니 매출 대비 2퍼센트 이하의 마케팅 비용 정도만 쓰고도 7~8퍼센트를 쓰는 기업과 대결할 수 있다. 이것이 샤오미가 가성비를 유지할 수 있는 비결이다.

두 번째, 가격은 통화Currency이다. 호텔이나 항공권 가격처럼 고객 참여를 활성화시키기 위한 탄력적 가격제라는 개념으로 통화를 생각할 수 있다. 사실 이 모델은 고객 참여라는 측면에서 훨씬 더 다양하게 발전하고 있다. 프리미엄Freemium이라는 개념도 고객 참여의 활성화 측면에서 많은 IT 업체가 사용하는 방법이다. 프리미엄Freemium은 무료를 뜻하는 '프리Free'와 할증을 뜻하는 '프리미엄Premium'의 합성어로 기본적인 제품과 서비스 등은 무료로 제공하되, 추가적인 기능 또는 고급 기능 등에 대해서는 유료화시키는 전략을 의미한다.

일례로 유튜브는 기본적으로 모바일 애플리케이션을 무료로 제공하고 있지만 광고를 시청해야만 한다. 하지만 유료인 '유튜브 프리미엄' 서비스는 광고 없이 시청이 가능하고 관심 있는 영상을 오프라인에서 볼 수 있도록 저장할 수 있으며 앱을 끄더라도 영상이 재생되는 백그라운드 재생이 가능하다.

2013년 창업한 토스가 2020년 3,898억 원의 매출로 2021년 8월 기준 시가총액 13조 5,000억 원을 달성하게 된 것은 송금에서부터 신용 관리와 금융 상품 판매 중개 등 다른 곳에서는 유료인 이 모든 서비스를 무료로 제공하는 '닥공(닥치고 공짜)'에 기반한 2,000만 명의 가입자(2021년 7월 기준) 덕분이다.

왜 이렇게 기업들이 공짜를 향해 달려갈까?『프리Free』의 저자 크리스 앤더슨Chris Anderson은 세상에는 공짜와 공짜가 아닌 두 가지 가격이 있다면서 완전히 다른 모습의 시장을 만든다고 주장했다. 서울대학교 경영대학 노상규 교수는 저서『오가닉 비즈니스』에서 이 두 가지 가격의 시장에 대해서 "우리는 경제적으로는 거의 의미가 없을 정도로 낮은 가격(예를 들어 100원)이라도 돈을 지불해야 하는 경우에는 사고자 하는 제품과 서비스가 충분한 가치가 있는가를 생각하게 된다."라고 말했다. 이를 심리적 거래 비용mental transaction cost이라고 한다. 심리적 거래 비용 때문에 0원과 100원의 차이가 100원과 1만 원의 차이보다 더 크다고 한다. 결과적으로 가격이 0일 때의 수요는 가격이 아주 저렴할 때의 수요의 몇 배 몇십 배에 달하게 되는 것이다. 즉 기업들이 공짜에 집착하는 이유는 바로 이 고객의 획득과 참여의 크기 때문이다.

세 번째, 유통 공동체 활성화Communal Activation이다. 2017년 9월 애플은 그동안 성공적으로 성장해 온 애플 스토어라는 기존 이름을 과감히 버리고 '타운스퀘어'라는 새로운 콘셉트를 도입했다. 타운스퀘어에 대해 애플의 리테일을 책임진 안젤라 아렌츠Angela Ahrendts 수석 부사장은 지금까지의 스토어 운영 경험을 진화시켜 지역의 사람과 기업들에 좀 더 잘 봉사하는 현대적 의미의 타운스퀘어를 만들고 싶다고 얘기했다. 이곳에서 애플 제품의 기술을 이용해 고객이 예술 작품을 만드는 것을 도와주는 역할을 하는 '크리에이티브 프로Creative Pro'라는 새로운 직군도 만들었다.

에어비앤비도 유통을 통한 공동체 활성화의 가장 전형적인 사례이다. 에어비앤비는 단순한 방을 빌려주던 호텔업의 가치를 넘어 숙소를 '우리 집'처럼 여길 수 있게 만들었다. 에어비앤비의 숙소는 마치 그들의 표현을 빌리자면 '그곳에서 오래 살아왔던 것처럼 메뉴가 필요 없는 카페, 긴 골목 끝에 숨겨진 클럽, 가이드북에 나타나지 않는 미술관을 찾을 수 있는 곳'이다. 즉 유통의 과정에 판매자로서의 고객과 그가 속한 커뮤니티를 참여시킴으로써 세상 어디에도 없는 경험을 창조했다. 다시 그 경험에 구매 고객들의 경험이 얘기로 더해져 그 집은 하나의 상품이 아닌 네트워크가 되고 연결이 되는 것이다.

네 번째, 프로모션은 고객과의 대화Conversation이다. 고객의 참여를 활성화시킬 수 있는, 아니 고객의 참여를 전제로 한 대화이다. 2014년 9월 스타벅스가 제작한 기업 광고가 화제를 모았다. 기업의 이야기를 일방적으로 강요하지 않고 고객이 이야기하게 했다. 전 세계 28개국 59개 스타벅스 매장에 온 고객들의 이야기를 미니 다큐멘터리로 만들어 웹사이트에 올렸는데 반응이 폭발적이었다. 부에노스아이레스 스타벅스 매장의 청각 장애인 모임에서 친구를 찾은 이야기와 두바이 스타벅스 매장에 스크랩 북을 만들기 위해 온 두 여인의 이야기 등 59개의 매장 59개의 이야기는 고객들 본인이 좋아하는 이야기들을 찾고 공감하고 거기에서 본인만의 스타벅스의 의미를 찾도록 제작되었다. 이 미니 다큐멘터리를 모아놓은 웹사이트에 많은 고객이 접속하고 또 그들만의 스타벅스의 이야기를 더함으로써 경험은 풍성해지고 연결은 강화되었다.

기업들은 고객과 직접 대화하기보다는 고객에게 친숙한 사람을 가운데 두고 고객과 대화할 수도 있다. 인플루언서의 활용이 그것이다. 유튜버의 대표적인 뷰티 인플루언서로 145만 명의 팬을 둔 '씬님'이 있다. 그녀는 화장법을 유튜브에 올리면서 주로 언제 어떤 화장을 하는지를 얘기한다. 그녀의 유튜브 방송을 보면 제품에 관한 얘기는 별로 없다. 예를 들어 할로윈데이에는 이런 화장을 해야 하는데 이런 효과를 내기 위해서는 이런 화장품이 써 보니 나쁘지 않더라는 식으로 이야기한다. 제품은 부차적인 것이고 화장법을 이야기하는 중에 제품은 쓱 보이는 정도로 흘러간다. 그래도 고객들은 이 영상에 열광한다. 이런 정도로만 해도 제품의 홍보는 충분하다.

「나 혼자만 레벨업」이라는 글로벌 142억 뷰를 기록한 웹소설과 동명의 웹툰이 있다. 최약체 주인공이 롤플레잉 게임처럼 퀘스트를 해결하면서 세계 최강의 헌터로 거듭나는 과정을 그리고 있다. 북미와 일본 그리고 중화권과 아세안 등 진출 지역마다 정상을 차지하며 'K-웹툰'이라는 장르를 글로벌에 각인한 IP[7]다. 최근에는 주요 장면을 NFT로 만들어서 시작과 동시에 완판을 기록할 정도로 인기였다. 「나 혼자만 레벨업」의 성공에는 콘텐츠 자체의 탁월함도 한몫했지만 서비스했던 카카오페이지의 탁월한 연결의 구조도 초기 제품의 성공과 화제의 확산에 큰 역할을 했다.

카카오페이지는 처음에 무료 5회, 20회 제공 등을 통해 고객이 쉽게 그 연결의 플랫폼에 들어가도록 한다. 고객이 들어가는 순간 '지금 50만 4,000명이 보는 소설' 등의 문구로 추천해 자연스럽게 구독을 시작하게 만든다. 그리고 매회 읽고 있는 소설에 달린 다른 사람의 댓글을 보여주며 재미를 더한다. 자신의 댓글을 통해 다른 사람에게 자기가 느낀 매력 포인트를 전달하기도 한다. 카카오페이지는 또한 무료 혜택이 끝나면 '지금 받을 수 있는 캐시는 34만 8,900원' 등의 문구를 통해 공짜로 볼 수 있는 방법을 알려준다. 더 나아가 고객에게 '하루 기다리면 무료'라는 메시지와 자동 충전 프로그램을 통해(일종의 구독 경제) 고객을 계속 플랫폼에 머무르게 한다.

카카오페이지는 이런 연결의 힘을 통해 급격하게 성장하고 있다. 가입자는 2017년 누적 1,000만 명에서 2019년 2,200만 명을 넘었고 2021년 7월 기준 3,500만 명을 넘고 월간 활성 이용자 수도 1,000만 명이나 된다. 그들은 하루에 웹툰과 소설 20억 원어치를 유료로 결제하고 있다. 카카오페이지의 일본 진출 회사인 픽코마가 후발 주자임에도 짧은 시간 내에 만화 강국인 일본 시장에서 1위로 올라설 수 있었던 배경에도 바로 고객을 머무르게 하는 연결의 구조를 가졌기 때문이다.

연결의 구조context를 만들어야 한다. 연결의 구조는 고객들이 쉽게 연결에 참여하게 하고, 연결의 가치를 알게 하고, 그 연결을 다른 사람들과 공유하게 한다. 그래서 고객을 우리 안에 머무르게 한다.

5
고객을 왕이 아닌 팬으로 만들어라

　어느 수입차 브랜드가 고객 조사를 했더니 고객 만족도가 90퍼센트 이상이고 재구매 의향도 80퍼센트 이상으로 높게 나타났다. 그런데 매출은 늘지 않았다. 나중에 그 이유를 알아보니 문제는 추천율이었다. 추천율이 마이너스 14퍼센트였던 것이다. 고객 만족은 높았지만 대부분은 침묵했고 브랜드를 위해 목소리를 높여 추천해주지 않았다.
　'2-20-80'이라는 말이 있다. 브랜드 전체 고객의 2퍼센트에 달하는 팬 또는 열성 고객Apostle Customer이 매출에 직접 기여하는 비중은 20퍼센트에 불과하다. 하지만 친구들과 지인들에게 추천함으로써 발생하는 매출은 80퍼센트에 육박한다는 것이다. 보스턴 컨설팅 그룹의 조사 결과이다. 위 두 가지 얘기는 우리가 막연하게 알고 있던 팬의 구매 규모와 이들의 입소문을 통해 창출되는(추천) 매출 규모를 보여준다.

왜 이렇게 '팬'의 힘이 세졌을까? 바로 연결성의 힘 때문이다. 우리는 연결성 시대에 살면서 한 사람의 개인이 세상과 연결되었음을 알고 있다. 개인이 페이스북이나 블로그에 올린 글이 진정성이 있고 공유할 가치만 있으면 빛의 속도로 순식간에 세상에 퍼지는 시대에 살고 있다. 이제는 우리 한 명 한 명이 세상과 연결되다 보니 침묵하는 다수 고객보다는 행동하고 추천하면서 입소문을 만들어내는 팬의 힘과 영향력이 훨씬 더 커진 것이다.

그래서 이제는 감히 "침묵하는 다수의 고객보다 한 명의 팬이 낫다."라고 얘기하고 싶다. 그래서 기업들도 이제는 단순한 고객 만족도가 아닌 팬의 '추천도', 즉 팬심을 측정하려고 한다. 바로 순추천고객지수NPS이다. 추천에서 비추천을 빼고 계산하는 것으로 피앤지P&G와 삼성전자 등 대부분의 글로벌 기업이 고객 만족도 대신에 고객 관련 핵심 지표로 사용하고 있다. 미국 기업들의 평균이 14퍼센트이고 자포스, 애플, 아마존 등이 50퍼센트를 넘는 높은 점수를 받고 있다.

어떻게 팬을 만들까? 원래 팬은 신전이라는 뜻의 라틴어 FANUM에서 시작해서, 이것이 다시 영어의 파나틱Fanatic으로 변하면서 팬이 됐다고 한다. 따라서 팬이라는 말은 영어 파나틱의 속성 '광신도의' '미친 듯한' '열정적인' '행동하는'의 특징을 가지고 있다. 캐나다의 신경학자 도널드 칸Donald Brian Calne은 "이성은 의사 결정을 만들지만, 감성과 감동은 행동을 만든다."라고 이야기했다. 즉 팬을 만들기 위해서는 고객의 가슴 속에 낙인처럼 지워지지 않는 감동의 순간Impression이 필요하다. 그 순간이 일반 신도를 광신자로, 평범한 고객을 팬으로 바꾸는 것이다. 그래서 '어떻게 팬을 만들까?'라는 질문은 '어떻게 감동을 만들까?'로 변해야 한다.

어떻게 4번의 고객 접점 순간에 고객을 팬으로 만들 것인가

고객이 가장 중요하게 생각하는 순간을 고객 접점이라고 한다. 원래 고객 접점은 스페인 투우의 진실의 순간MOT, The Moment of Truth에서 유래된 말이다. 소와 대결을 하다가 마지막 검을 소의 급소에 찔러 넣어 삶과 죽음을 결정짓는 그 결정적 순간을 말했다. 그 결정적 순간을 경영 이론에 적용한 사람은 스칸디나비아 항공의 얀 칼슨Jan Carlson 사장이 사용하면서 널리 알려졌다. 그는 "1년간 고객 1,000만 명이 서비스를 받기 위해 평균 다섯 번 정도 직원과 접촉하는데 그 시간은 평균 15초 정도가 된다고 한다. 우리는 고객과 한 번에 15초 정도 1년에 5,000만 번 만나는 것인데 그 순간이 우리 회사의 성패를 결정한다."라고 얘기했다. 즉 고객이 기업의 종업원 또는 특정 자원과 접촉하는 그 순간을 고객 접점이라고 정의했다.

그러나 나는 원래 스페인 투우의 진실의 순간이라는 개념을 생각한다면 단순한 모든 접촉의 순간을 고객 접점이라고 얘기하고 싶지 않다. 고객 접점은 고객이 제품과 서비스에 대하여 결정적 기대를 하게 되는 그 순간, 스페인 투우처럼 브랜드의 삶과 죽음이 결정되는 그 순간을 '진실의 순간'이라고 얘기하고 싶다. 모든 브랜드가 '진실의 순간'인 고객 접점이 중요하다고 생각하고 그 과정에 차이를 만들기 위해 심혈을 기울이고 있다. 그러다 보니 차이를 만들기가 너무 어렵다. 그러나 여기서 차이를 만들 수 있는 브랜드들은 고객의 마음속에 사랑의 입술 자국을 화인처럼 새기는 러브 마크가 된다.

예전에는 단 한 번의 고객 접점이 있었다. 바로 고객이 제품을 사거나 서비스를 받기 위해 매장을 방문하는 순간이다. 매장 방문이 제품의 삶과 죽음이 결정되는, 즉 구매가 결정되는 고객 접점의 순간이었다. 그러나 지금은 예전과 다르다. 알티미터 그룹 수석 애널리스트 브라이언 솔리스Brian Solis는 저서 『무엇이 비즈니스의 미래인가』라는 저서에서 고객의 경험과 관련해 '4번의 고객 접점'이 있다고 얘기한다.

첫째는 웹에서 제품을 검색하는 순간이다. 둘째는 매장에서 제품을 보고 첫인상을 형성하는 순간이다. 셋째는 상품을 만지고 냄새 맡고 느끼고 때로는 맛보는 순간이다. 마지막 넷째는 타인과 경험을 공유하는 순간이다. 이 4번의 진실의 순간은 초연결 시대와 관련이 있다. 초연결 시대가 되면서 우리는 매장 방문 전 제품을 검색해 보고 매장 방문을 결정한다. 매장에서 제품을 구매하고 집으로 와서 언패킹하는 순간은 또 다른 공유의 순간이 된다. 2018년 기준으로 유튜브에 애플 제품의 언패킹 영상이 780만 개가 올라가 있는데 언패킹 자체가 제품에 대한 또 다른 추천이 되고 있다. 그리고 마지막은 진정한 제품의 사용 경험에 대한 공유와 이에 따른 제품의 추천이다.

이 추천은 5A 고객 경험 모델[8]의 인지, 호감, 질문의 단계에 바로 영향을 미치게 된다.

인터넷으로 제품을 처음 만나는 순간이 기존의 첫 번째 고객 접점보다 앞선다고 해서 0번째 고객 접점이라고 이야기한다. 고객 접점은 업종별로 다를 수 있다. 지난번 모 항공사 직원들과 얘기를 해보니 0번째는 고객이 항공권을 검색하거나 문의하는 순간이다. 첫 번째는 체크인 카운터에서 대면으로 항공사 승무원을 만나는 순간이다. 두 번째는 비행기를 타서 좌석에 앉는 순간이 진실의 순간이다. 매크로 마케팅의 출발은 바로 이 진실의 순간의 확인에서 출발한다.

애플은 어떻게 4번의 고객 접점을 감동의 순간으로 설계했는가

서울 가로수길에 한 브랜드의 첫 번째 한국 내 공식 매장이 2018년 1월 오픈했다. 오픈 당일 특별한 선물이나 이벤트가 없음에도 많은 고객이 밤새워 줄을 섰고 첫 입장 고객은 19시간을 기다려 들어갔다. 전 세계에서 팬이 가장 많은 보석 브랜드 티파니의 평당 매출보다 두 배 이상을 파는 전 세계에서 소매를 가장 잘하는 브랜드이자 기업 역사상 최초로 1조 달러 시총을 달성한 브랜드인 바로 애플이다. 무엇이 애플을 특별하게 만들었을까? 어떻게 고객 마음속에 러브 마크를 새겼을까?

애플의 CEO였던 스티브 잡스Steve Jobs는 "우리 모두는 우주에 흔적을 남기기 위해 왔다. 그게 아니라면 다른 어떤 이유가 있단 말인가."라고 말했다. 잡스의 말대로 애플은 고객 접점에 정말 완전한 경험의 우주 하나를 만들었다. 앞에서 언급한 대로 초연결 시대인 오늘날에는 네 번의 고객 접점이 있다. 0번째 고객 접점은 고객이 웹에서 제품을 검색하는 순간이다. 첫 번째 고객 접점은 매장에서 제품을 보고 첫인상을 형성하는 순간이다. 두 번째 고객 접점은 제품을 사서 집으로 와서 상품을 만지고 냄새 맡고 느끼고 때로는 맛보는 순간이다. 마지막 세 번째 고객 접점은 나의 경험을 타인과 공유하는 순간이다. 결과적으로는 세 번째 고객 접점은 초연결성 시대 마케팅에서 가장 중요한 순간이다.

애플이 아이패드를 마케팅할 당시로 돌아가보자. 애플은 2014년 고객이 처음으로 아이패드를 만나는 검색의 0번째 고객 접점에 제품의 스펙이나 가격을 나열하기보다 고객의 아이패드 경험을 공유했다. 제조사 관점의 스펙과 가격 얘기가 아닌 고객 관점의 제품 활용의 얘기를 들려줬다. 관점을 바꾼 것이다.

이렇게 아이패드에 관해 관심이 생긴 고객은 매장을 방문하기로 결심한다. 매장을 방문하는 첫 번째 고객 접점에 고객은 애플의 전문적이고 친절한 매장 직원으로부터 "너의 문제는 무엇인지? 어떤 제품을 찾는지?"가 아닌 "너는 어떤 문제를 해결하고 싶은지?"를 듣게 된다. 그리고 고객들은 제품을 대면하게 된다. 애플 매장에는 그들의 제품만큼이나 세밀한 디테일이 숨어 있다. 애플 스토어에 전시된 아이패드 화면의 각도는 70도로 맞춰져 있다. 이는 고객들이 화면을 잘 보려고 조절하기 위해 손을 대도록 유도하려고 일부러 맞춘 각도이다. 고객이 제품을 만지는 순간 그 제품은 인터넷에 완벽히 연결되고 주소록, 사진함, 동영상 등 모든 것이 꽉 차 있어 친구의 제품을 잠시 보는 것처럼 계속 탐험하게 만든다.

이제 고객은 매장에서 제품의 사용 경험과 전문적인 애플 매장 직원들로 인해 애플 제품은 나의 문제를 해결할 수 있음을 확신한다. 그래서 그들은 제품을 사서 집으로 돌아오게 된다. 고객은 집에서 조심스럽게 아이패드의 박스를 연다. 언패킹이 두 번째 고객 접점이다. 박스를 여는 순간 제품과 모든 부품 및 파워 코드 등 모든 선은 깔끔하게 정리되어 있다. 제품 위의 비닐 커버를 벗기기 위한 비닐 탭 하나도 적당한 위치에 알맞은 크기로 붙어 있는 걸 보고 '역시 애플'이라는 생각을 하게 된다. 사실 애플 전까지 언패킹은 그냥 제품 박스를 뜯는 과정이었다. 애플은 이 번거롭고 귀찮기만 한 과정을 경이와 감동이 가득 찬 과정으로 만들었다.

수많은 언패킹 동영상을 고객들이 유튜브에 올리게 만들고 언패킹과 관련 '비포Before 애플' '애프터After 애플'이 있다고 말할 정도로 애플은 고객의 언패킹 경험을 완전히 바꿔놓았다. 이 경험의 변화가 얼마나 지난한 과정이었는지는 『포천』의 정보 기술 선임기자 애덤 라신스키Adam Lashinsky가 저서 『인사이드 애플』에서 패키징 디자이너를 인터뷰한 글을 보면 알 수 있다.

"패키징 디자이너가 몇 달 동안 작업실에서 했던 일은 상자 윗부분의 보이지 않는 스티커의 어느 지점을 고객이 잡는 게 좋은지를 표시해주는 탭을 만들고 시험하는 일이었다. 작업실은 수백 개의 상자와 무수한 화살표와 탭으로 가득 차 있었다."

애플이 고객의 경험을 바꾸어놓기 위해 눈에 안 보이는 지점에서 얼마나 큰 노력을 기울였는지에 알 수 있다. 이제 기쁜 마음으로 고객은 제품을 집어 들고 아이패드를 사용하기 시작한다.

그때 TV에서는 애플의 아이패드 광고가 나오고 있다. 바로 세 번째 진실의 순간 추천을 여는 광고이다. 광고는 영화「죽은 시인의 사회」에 등장해 널리 알려진 월트 휘트먼Walt Whitman의 시「오! 캡틴! 나의 캡틴!」시 일부분을 낭송한다.

오 나여! 오 삶이여! 수없이 던지는 이 의문!
믿음 없는 자들의 끝없는 행렬, 바보들로 넘쳐흐르는 도시
아름다움을 어디서 찾을까? 오 나여! 오 삶이여!
(대답) 당신이 여기에 있다는 것, 생명으로 존재한다는 것
화려한 연극은 계속되고, 당신이 시 한 편에 기여할 수 있다는 것
어떤 것이 당신의 시가 될까?What will your verse be?

너의 시는 무엇인지 묻는다. 고객은 이제 아이패드를 사용하는 자기의 경험을(시를) 애플 웹사이트에 공유하기 시작한다. 제품 사용 경험이 아닌 고객의 얘기를 묻고 이를 통해 자연스럽게 제품의 이야기를 하게 하는 것이다. 그러면서 고객의 경험이라는 세 번째 고객

접점이 바로 검색이라는 0번째 진실의 순간과 맞물리면서 하나의 루프를 만드는 것이다. 스티브 잡스가 얘기한 "우리 모두는 우주에 흔적을 남기기 위해 왔다."라는 말이 완벽하게 구현되는 것이다.

6
로컬이 라이프스타일 브랜드가 된다

라이프스타일 비즈니스의 시작이 '나다움'이라는 점에서 라이프스타일 비즈니스와 로컬 크리에이터는 맞닿아 있다. 다만 라이프스타일 비즈니스는 로컬이라는 지역적 한계에서는 좀 더 자유롭다고 할 수 있다. 블루보틀이 샌프란시스코에서 시작했지만, 이제는 세계적인 슬로 라이프 스타일을 대변하는 브랜드가 됐다. 양양의 서피비치도 양양에서 시작한 로컬 크리에이터이지만 이제는 파도로 대변되는 라이프스타일 브랜드가 됐다. 로컬 크리에이터의 '다움'은 나의 삶에 대한 가치관 태도를 반영한다는 점에서 로컬 크리에이터는 기본적으로 라이프스타일 비즈니스이다.

로컬 크리에이터들이 비즈니스적으로 규모를 더 키운다면 그때부터는 라이프스타일 브랜드가 된다. 그것이 일본의 츠타야 서점이고 미국의 홀푸드이고 한국의 제주맥주이다. 결국 로컬 크리에이터는 지역을 기반으로 라이프스타일 비즈니스를 하는 사람이며 지역적 한계를 벗어나면 라이프스타일 브랜드가 되는 것이다.

로컬 크리에이터가 라이프스타일 브랜드로 성장하기 위해 하나 추가해서 언급하고 싶은 부분이 연결이다. 물론 '나다움'에 의해 팬을 만들고 그 팬을 통해 세상과 연결되는 것이 로컬 크리에이터이다. 하지만 로컬 크리에이터가 지역을 넘어서는 라이프스타일을 창출하고 라이프스타일 브랜드로 성장하는 데 필요한 것이 연결의 구조를 갖추는 일이다. 팬들이 만들어주는 연결, 그리고 '나다움'의 이야기들을 체계적으로 확대 재생산할 수 있는 연결의 구조를 갖출 때 로컬 크리에이터들은 소상공인에서 기업가로 성장한다.

양양의 서피비치는 어떻게 서핑의 명소가 됐는가

"양양의 라이프스타일은 파도 최우선주의죠. 모든 생활이 파도에 맞게 짜여요. 파도가 좋은 날엔 가게 문도 닫고 서핑하러 가고 파도가 좋지 않은 날에만 일하거나 다른 볼일을 봐요."

이 얘기를 한 사람은 『액션매거진』 편집장을 하다가 양양으로 이사를 하고 그곳에서 만화카페 겸 오락실을 운영하는 레트로션 이원택 대표의 말이다. 겨울에 보드를 타고 여름에는 서핑을 좋아하는 자기가 서울에 있을 필요가 없다고 판단해서 양양으로 이사를 했다. 양양의 매력에 푹 빠진 사람은 이원택 대표뿐만 아니다.

박씨는 2017년 여름 친구와 양양으로 여행을 온 날 서핑의 매력에 푹 빠져 퇴사와 독립을 결심했다. 당시 파도를 기다리며 하늘, 바다, 먼 산을 바라보는데 불현듯 '여기서 오래 살고 싶다.'라는 생각이 들었다고 한다. 강원도 양양군 현남면 죽도해변에서 만난 '서울 토박이'의 박모씨의 말이다. 서울에 살던 박씨는 2018년 8월 양양으로 주소를 옮기면서 '싱글 세대'가 됐다. 박씨가 가족과 떨어져 양양에서 혼자 살게 된 건 크게 세 가지 이유 때문이다. 서핑할 수 있고, 저녁이 있는 삶을 즐길 수 있고, 미세먼지 없는 곳.

양양은 원래 65세 이상 인구 비율이 20퍼센트를 넘어서는 초고령 지역이었지만 오늘날 젊은이들의 탈출구로 통한다. 불과 5년 만에 이곳을 찾는 사람들이 한 해 70만 명에 달할 정도로 서핑의 명소로 자리잡았다. 양양 해변을 2030 세대들로 가득 채우기까지는 서피비치 박준규 대표의 역할이 컸다. 서피비치는 지난 2015년 체험 중심의 서핑 강습을 시작으로 40년간 출입이 통제됐던 군사 제한 구역을 서핑 전용 해변으로 탈바꿈시킴으로써 서핑이라는 라이프스타일을 비즈니스로 전환시켰다. 이제 양양과 같이 라이프스타일로 사람들을 모으고 있는 매력 도시가 국내에도 하나둘 생기고 있다.

삶의 목적 또는 가치관이 아이템이 되어 공간에서 상품 및 서비스로 팔리고, 내가 살고 있는 모습 그대로 또는 내가 살아 보고자 하는 이상적 삶을 보여주고 퍼트리는 것이 '일, 비즈니스'가 된다. 이것이 바로 라이프스타일 비즈니스이다. 그래서 라이프스타일 비즈니스의 핵심 아이템은 바로 '나 자신' '나다움'이다. 이에 동조하고 공유하고자 하는 의향이 있는 사람들을 만나 그들과 함께 삶의 가치를 공유하고 공감하면서 연장하고 확장시켜 나간다. 라이프스타일 비즈니스는 바로 팬을 기반으로 운영되고 추천에 의해 확장된다고 할 수 있다.

블루보틀은 어떻게 덕업일치의 대명사가 됐는가

요즘 '덕업 일치' '덕후 전성시대'라는 말이 유행이다. 덕후는 일본어 '오타쿠ォタク'를 한국식으로 발음한 '오덕후'의 준말이다. 특정 분야나 대상에 열중하는 사람들을 가리킨다. 초기에는 히키코모리(引き籠もり, 은둔형 외톨이) 같은 부정적 이미지였지만 지금은 전문가를 능가할 정도의 마니아를 지칭한다. 카페 블루보틀의 창업자 제임스 프리먼James Freeman이 프리랜서 클라리넷 연주자로 순회공연 다닐 때마다 악기 가방에 직접 볶은 커피를 갖고 다닐 정도로 '커피 덕후'였다는 사실은 유명하다. 덕후와 나다움은 비슷함을 많이 가지고 있고, 라이프스타일 비즈니스가 나의 지향과 나의 가치에서 출발한다는 점에서 덕후 전성시대는 다른 말로 라이프스타일 전성시대이기도 하다.

블루보틀은 흰색 바탕에 푸른색 병 하나만 그려진 로고의 커피계의 애플이라 불리는 커피 브랜드로 유명하다. 제임스 프리먼은

683년경 오스트리아 빈에서 문을 열고 유럽에 커피를 처음으로 전파한 커피하우스 '더 블루 보틀The Blue Bottle'을 본떠 자신은 기존과 다른 새로운 커피를 세계에 전하겠다는 포부를 담아서 만들었다. 2005년 샌프란시스코 헤이즈 밸리의 친구 집 차고에 첫 매장을 열었다. 제임스 프리먼의 장인 정신으로 만든 블루보틀의 뛰어난 커피 향과 맛은 입맛 까다로운 샌프란시스코의 젊은 벤처 기업인들을 사로잡았고 록그룹 U2 보컬인 보노 등 유명 인사들도 단골이 됐다.

블루보틀의 덕후 정신을 대변하는 숫자 세 가지는 48, 60, 94이다. 48시간 이내에 로스팅된 스페셜 티 원두로 한 번에 60그램의 양을 94도 온도의 물을 사용해서 핸드드립으로 커피를 내린다. 그리고 내리는 그 시간 동안 바리스타는 손님과 커피에 관해서 이야기한다. 또한 블루보틀에는 와이파이도 전기 콘센트도 없다. 제임스 프리먼은 "와이파이는 주의를 분산시킨다. 고객들이 커피 그리고 함께하는 사람에게 집중할 수 있도록 뭘 더하기보다 뭘 뺄 수 있을지 늘 고민한다. 휴대폰만 들여다보며 의미 없이 6시간을 앉아 있는 것보다 단 20분이라도 좋은 커피와 정말 멋지게 보내는 게 낫지 않나."라고 이야기했다.

블루보틀 매장은 크기에 비해 좌석 수도 적다. 사람이 아니라 커피에 집중하게 하려고 이런 철학을 반영했기 때문이다. 또한 커피 본연의 맛과 향에 집중한다는 가치를 집요하게 추구했다. 네슬레는 블루보틀이 스타벅스에 대항해서 커피의 새로운 문화를 만들 수 있다고 가치를 인정해 2017년 9월 블루보틀 지분 68퍼센트를 우리 돈으로 4,800억 원에 인수했다. 우리나라 성수동에 1호점을 오픈할 때는 3시간을 기다릴 정도로 줄이 길었다는 이야기는 유명하다.

블루보틀이야말로 대표적인 라이프스타일 비즈니스이다. 제임스 프리먼 본인의 커피에 대한 '다움', 즉 48, 60, 94으로 대표되는 세 가지 숫자로 '보노보노' 등 팬을 만들고 이들에 의해 샌프란시스코의 로컬 크리에이터인 블루보틀이 세계적인 라이프스타일 브랜드가 된 것이다.

7
로컬과의 컬래버로
차별화하고 혁신하라

지난 2021년 12월 12일 영천의 작은 매장이 화재로 큰 피해를 보았다. 나는 소식을 듣고 매장을 방문했다. 실의에 빠져 있으리라는 예상을 깨고 젊은 대표는 너무 씩씩하게 잘 있었다. 늦은 밤이었지만 다행히 화재를 빨리 발견해서 다친 사람도 없었고 주변 피해도 없었다. 다만 초콜릿 만드는 비싼 기계가 타버려서 당분간은 직접 초콜릿을 만들기 어렵게 됐다고 한다. 외부 초콜릿 만들기 강좌 등을 통해 어려운 시기를 버티려고 한다며 웃었다. 이 초긍정의 아가씨들은 어떻게 작은 지방 도시인 영천에서 빈투바[9]라는 우리나라에 몇 안 되는 초콜릿 가게를 시작하게 되었을까?

경기도에서 고등학교를 마치고 대학 입시를 막 치른 여고생. 대구에서 태어나 서울에서 건축 설계 회사에 다니던 30대 초반의 여성 직장인. 지역으로 보나 나이로 보나 둘 사이의 연결고리를 찾기가 쉽지 않다. 그러나 둘은 몇 년 뒤 제주도 우도의 한 게스트하우스에서 우연히 만나 함께 일하고 함께 먹고 놀면서 무려 5년이나 우정을 쌓았다. 열두 살의 나이 차이에도 불구하고 존댓말 같은 것은 없다. 흔히 말하는 띠동갑 사이인데도 서로를 친구라고 부른다. 남들이 둘의 나이를 물어볼 때야 비로소 '아, 그렇지. 우리 열두 살이나 차이 나지?'라고 문득 깨닫는다고 한다. 열두 살이라는 나이 차이를 무력화시킨 힘은 무엇이었을까?

둘은 도시 청년 시골 파견제 2기로 합격해 경북 영천 시내에 빈투바 수제 초콜릿 전문점을 열었다. 그녀들은 산과보롬이라는 이름으로 창업한 뒤 삶의 외연을 넓혀 나가기 위해 전력으로 질주하고 있다.

산과보롬은 어떻게 영천에서 수제 초콜릿을 판매하게 됐는가

산과보롬에서의 '산'은 김강산 대표의 닉네임이고 '보롬'은 김은경 대표의 닉네임이다. 보롬은 제주도 말로 '바람'이라는 뜻. 그렇게 둘은 마치 바람을 맞이하는 산처럼 혹은 산에서 쉬어가는 바람처럼 하나가 되어 회사 이름을 지었다.

산과보롬에서는 현재 생초콜릿, 쿠키, 머핀, 머랭, 푸딩, 카카오닙스 등 카카오를 활용해 다양한 제품을 만든다. 남미에서 수입한 카카오콩을 50시간 정도 맷돌로 갈면 걸쭉한 초콜릿 원액이 만들어진다.

여기에 설탕 대신 비정제 원당인 마스코바도와 덴마크에서 가져온 천연 버터를 넣어 건강한 초콜릿과 쿠키를 만들어낸다. 플라스틱과 비닐 사용을 줄이기 위해 모든 제품은 종이와 유리병으로만 포장해 판매하고 있다.

원래는 '아이의 몸을 생각하는 엄마'를 타깃으로 만들었지만 예상은 빗나가 20~30대 젊은 층이 주 소비층이다. 자주 오는 단골은 일주일에 두 번씩이나 찾아와 함께 이야기를 나누고 제품도 구매한다. 처음에는 인터넷 판매를 중심으로 하려고 했지만 그것도 예상을 빗나가 버렸다. 영천 시내의 고객층이 많아 너무 바쁜 나머지 아직 인터넷 판매를 시작도 못 하고 있다. 처음에는 지역 소비를 상상도 하지 못했다. 산과 보롬은 서로에게 되물었다.

"설마 영천에서?"

"누가? 여기에 와서 왜 초콜릿을 사?"

지금은 밤 11시가 되어도 "아직 문 안 닫았죠?"라며 고객들이 벌컥벌컥 문을 열고 들어온다. 다행히 새벽 2~3시까지 정신없이 일하는 바람에 손님을 받을 수 있지만 밤 11시에도 손님을 맞아주는 수제 초콜릿 전문점은 아마 전국에서 영천의 산과보롬이 유일할 것이다.

매장을 오픈한 날은 2020년 4월 초로 코로나19가 한창이었을 때다. 아직 인터넷 판매를 시작도 안 한 상황이니 앞으로의 발전 가능성은 무궁무진하다. 그러나 이 두 창업자에게 중요한 것은 당장 매출보다 지금 자신들에게 주어진 '인생의 큰 기회'를 어떻게 책임감 있게 잘 만들어나가느냐는 것이다. 지금의 사업에는 두 명의 창업자가 걸어

온 짧다면 짧지만 우여곡절이 있는 삶의 궤적이 함께하기 때문이다.

산은 고등학교 3학년 내내 한국화를 그렸고 대학에서도 한국화를 전공하고 싶었다. 먹선이 만들어내는 수려함과 단아함에 푹 빠져 예술가로서의 미래를 꿈꾸었지만 결정적으로 입시의 한계에 부딪혔다. 붕어빵 같은 그림을 만들어내는 입시 미술과 정형화된 그림 평가는 산에게 숨이 막힐 거 같은 절망을 주었다. 산의 표현에 따르면 고등학교 3학년 내내 '완전한 방황'을 겪었고 그 방황이 '폭발'했다.

"제가 좋아하는 그림을 그리지 못하고 입시라는 잣대로 평가받는다는 점에서 극도의 스트레스를 받았어요. 남들과 똑같은 그림을 그려야 한다는 압박은 참기 힘들었고 마음은 너무도 혼란스러웠어요. 누군가 구원자 같은 어른이 나타나서 저를 구해주었으면 하는 간절함도 있었어요. 제가 한없이 걷기 시작한 것은 그때부터였던 것 같아요. 한참을 걷고 나면 그나마 마음이 좀 안정되더라고요. 심할 때는 6시간도 걸었던 것 같아요."

입시에는 당연히 떨어졌다. 산은 제주도에서도 다시 배를 타고 들어가야 하는 우도로 떠났다. 산은 친구들이 대학에 입학해 새로운 환경에 설레고 있을 때 게스트하우스에서 일하기 시작했다. 손님들이 떠난 방의 침구를 정리하고 설거지를 하고 빨래를 널었다. 하지만 자신이 초라하게 느껴지지는 않았다. 빨래를 널 때 바라보는 제주도의 찬란한 하늘이 눈부셨고 설거지를 하고 난 후의 깨끗함이 마음을 후련하게 하는 것 같았다. 다행스러운 것은 대학을 가지 않는 길도 존중해준 부모님의 철학 덕에 가정에서의 트러블은 없었다는 점이다.

산의 표현대로 '노동을 통해 청춘의 방황이 발산하는 지랄의 힘을 소진'해 가면서 마음의 안정을 찾고 있었다.

산과 달리 보롬은 대학에 진학했지만 이름만 걸어놓았을 뿐 대구에서 어머니와 조그만 문화 공간 겸 바를 근 10년간 운영하고 있었다. 그 후 서울로 취업해 건축회사에서 8년 정도 일했을 즈음이다. 잡다한 일을 너무 많이 시켜 온갖 것을 배우기는 했지만 삶의 생기는 사라져갔다. 새로운 일을 하고 싶다는 생각이 간절했다. 그렇게 해서 퇴사를 한 다음 날 도착한 곳이 바로 우도였다. 배에서 내리는 순간 뺨을 스치던 우도의 바람에 보롬은 충동적으로 결정해 버리고 말았다.

"여기서 살아야겠다."

보롬은 며칠 우도를 돌아다니며 힘들었던 서울의 직장생활을 정리하고 있었다. 그러던 와중에 우도의 한 게스트하우스로 가서 주인에게 대뜸 물었다.

"저, 여기서 일해도 돼요?"

그때 그녀를 처음 주인에게 안내해 준 사람이 바로 산이었다. 산과 보롬은 그렇게 5년이라는 세월 동안 제주 우도와 부산 세화에서 함께 일하며 생활했다. 가장 아름다운 추억을 꼽으라면 우도의 해변에서 치킨을 먹다가 잠들었던 일이다. 해녀들이 바다에 들어가고 나오기 좋게 만들어놓은 콘크리트 길에서였다. 아침에 눈을 떠보니 발밑에서 떠오르는 이글거리는 태양을 볼 수 있었다. 하지만 쑤셔오는 허리를 부여잡으며 서로를 의지해 겨우 일어설 수 있었다.

보롬은 초콜릿을 너무 좋아했다. 그게 문제의 출발점이자 창업의 시작점이었다. 매일 아침에 일어나자마자 초콜릿부터 찾았다. 방에는 산더미같이 초콜릿이 쌓여 있었다. 몸은 점점 안 좋아졌다. 심지어 저혈당 증상이 있었는데도 그럴수록 당으로 체력을 보충해야 한다는 생각에 더 많은 초콜릿을 먹었다. 우도에는 병원마저 없었으니 건강을 돌볼 틈이 없었다.

초콜릿을 직접 만들어보자고 생각한 것은 그즈음이었다. 일시적으로 초콜릿을 끊어보기도 했지만 그 강렬한 당의 즐거움을 도저히 포기하기 힘들었기 때문이다. 그럴 바에야 차라리 '몸에 좋은 건강한 초콜릿'을 직접 만들자고 생각했다. 그렇게 산과 보롬은 공부해가며 초콜릿을 만들기 시작했고 게스트하우스 손님들에게 대접하기도 했다. 손님들이 너무나 즐거워하는 모습에 건강하고 몸에 좋은 초콜릿에 대한 애정이 새록새록 솟아났다.

산은 고등학교 시절에 봤던 영화 「바그다드 카페」에 나오는 그 마법 같은 공간을 너무 탐내고 있었고 자신도 언젠가는 사람들과 함께 마법 같은 일을 해보고 싶었다. 보롬은 초콜릿을 너무 좋아했으니 둘의 자연스러운 결론은 '초콜릿을 주제로 하는 마법 같은 공간'이었다. 하지만 그것을 실현하기에는 가진 돈이 너무 없었다.

더욱이 둘에게 사업이란 한 번도 해보지 않은 미지의 영역이었다. 어느 날 새벽까지 잠이 오지 않아 인터넷 서핑을 하던 중 경상북도의 도시 청년 시골 파견제 지원 사업을 만났다. 좋은 기회다 싶어 서둘러 지원하긴 했지만 선정되리라고는 기대하지 않았다. 지원자도 많았고 훨씬 더 좋은 사업 아이템도 많았기 때문이다. 하지만 며칠 후 놀라운 일이 생겼다. 진흥원 담당자가 합격 소식을 알려왔다. 한 명당 1년에 6,000만 원, 2년 동안 1억 2,000만 원을 지원받는다는 것이다. 진흥원의 지원금은 산과 보름의 삶에서 그저 사업 자금 정도의 의미가 아니었다. 새로운 인생을 꿈꾸는 두 청년의 새로운 앞날을 열어줄 마법 같은 기회였다. 그녀들에게 진흥원에서 제공하는 창업 교육은 신세계였다. SNS 마케팅, 브랜딩 전략 및 마케팅 개념 설계, 창업자가 꼭 알아야 할 디자인 이야기, 창업 세무회계, 창업 실무, 스타트업에 유용한 특허 이야기 등 수업을 들을 때마다 새롭고 흥미진진한 내용으로 가득했다.

그런데 더욱 흥미로운 사실은 머릿속에만 있던 꿈이 세상과의 접점을 만들어내고 있었다는 점이다. 2019년 12월부터 2020년 2월까지 유튜브에 총 10개의 영상을 올려 카카오를 알리고 산과보름의 출발을 선포할 수 있었다. 12월 31일에는 '영덕 해맞이 축제' 플리마켓에 참여하고 농부들을 만나 지역 농산물을 어떻게 초콜릿에 응용할지 아이디어 회의도 했다. 2020년 초에는 서울에서 열린 '살롱 뒤 쇼콜라Salon du chocolat'에 참여해 각종 초콜릿 제조 기계, 카카오콩, 포장 용품 등에 대한 식견을 넓힐 수 있었다.

새롭게 주어진 창업의 기회로 하루하루 즐거울 법도 했지만 마냥 그렇지는 않았다. 국가의 세금을 창업자금으로 지원받는 것이니 그에 걸맞게 책임을 다해야 한다는 것이 산과 보름의 마음을 힘들게 했다. 보름은 마음의 짐을 이렇게 말했다.

"사실 주변 친구들에게 욕도 먹었어요. '내가 낸 세금으로 사업할 자격이 정말 있어?'라고 직설적으로 말하는 친구도 있었어요. 지원 사업에 합격하고도 굉장히 부담스럽고 마음도 무거웠어요. 지금도 어떻게 하면 우리의 사업을 영천이라는 지역에 잘 스며들게 할까 고민하고 있어요."

산도 보롬과 다르지 않았다. 그렇지만 좀 더 미래의 희망에 방점을 찍었다.

"국가가 청년에게 이런 기회를 준다는 사실이 참으로 놀라운 것 같아요. 이런 기회를 준 만큼 저희도 최대한 영천 지역을 살리는 데 보탬이 되고 싶어요. 아마도 이 자금 지원이 없었다면 우리의 꿈은 꿈으로 그쳤을 것 같아요. 2021년에 '영천 청년 모임'에 참석했는데 앞으로 청년들과 영천에서 함께할 수 있는 프로그램의 아이디어도 내고 추진도 할 예정이에요."

산과 보롬은 사업이 더 잘되면 공정 무역을 실천하고 싶다고 한다. 커피 농장에서 일하는 아이들의 노동 착취 문제는 많이 알려져 개선됐다. 하지만 카카오 농장의 동일한 문제는 거의 알려지지도 않은 상태다. 때가 되면 농장의 작업 환경을 개선하고 학교나 도서관을 지어 주고 싶다고 한다.

산과 보롬의 짧은 창업 이야기는 청년들에 대한 경제적 지원이 어떻게 그들의 꿈을 현실로 만들어줄 수 있는지를 잘 보여주고 있다. 사실 냉정하게 말하면 창업은 '인풋과 아웃풋의 게임'이기도 하다. 공공기관에서 지원해준 돈이 있다면 그걸 받은 사람은 아웃풋을 만들어내야 한다. 그러나 그것은 경제의 논리일 뿐이지 꿈의 논리는 아니다. 국민의 혈세로 청년들의 꿈 따위나 지원해줄 여유가 있냐고 반문할 수도 있다. 하지만 청년의 꿈이 세상을 바꾼 사례는 한둘이 아니다. 지금 우리가 경험하는 수많은 혁신과 놀라운 기술과 신선한 제품과 서비스는 청년들이 가진 꿈에서 시작했기 때문이다.

코리우드는 어떻게 경산에서 열대어와 수족관을 팔게 됐는가

"시골 창업의 장점은 무엇인가요?"

"첫째, 임대료가 안 나가고 집에서 하니까 이사 갈 걱정을 안 해서 제일 좋아요. 대구 시내에 살 때 인근 수족관들이 임대료 때문에 이전하는 경우가 많았어요. 이전하려면 3~4개월은 장사를 못하고 날려버리죠. 둘째, 손님들의 주차 걱정을 대도시보다 덜해도 됩니다. 셋째, 목공 작업의 소음 공해 문제로 주민 민원을 듣지 않아 좋습니다. 넷째, 대추나무 유목 소재를 공짜로 무한정 구할 수 있어요. 관심을 가지면 시골에는 이런 좋은 물건들이 많아요. 다섯째, 지방 관청의 창업 지원 제도가 많아요. 여섯째, 마니아층을 상대로 하다 보니 손님이 많지 않아도 객단가(건당 판매액)가 높아 수익이 괜찮아요."

벌써 1년이 지난 일이다. 2021년 1월 9일 조선일보의 K 전문 기자와 코리우드Corywood를 방문해서 이현우 대표를 만나 인터뷰했는데 시골 창업의 장점을 얘기했던 것이 생각난다. 코리우드의 이야기를 같이 더 살펴보자.

공무원 시험을 준비하는 사람들의 세계에서는 일명 '장수생'이라고 불리는 특별한 부류가 있다. 5년 이상 시험에 합격하지 못했으면서도 계속해서 공부하는 사람들을 말한다. 모두 대놓고 말하지는 않지만 그들의 미래를 매우 암울하게 점친다. 40세 초반의 코리우드 이현우 대표도 한때 대구에서 9급과 7급 지방 공무원 시험을 준비하던 '장수생'이었다. 처음 3년은 가벼운 마음으로 시작했지만 5년이 지나면서 초조해졌다. 포기하면 지나간 세월이 너무 아까울 것 같아서 계속 공부를 했지만 6, 7년이 지나도 결과가 나오지 않았다. 서른 다섯 살이 되어도 마땅한 벌이 없이 고시원과 학원을 오가는 아들을 보는 부모님의 마음도 안타까울 수밖에 없었다. 모두가 고단한 시간을 보내야 할 때 이현우 대표에게 삶의 전환점이 찾아왔다. 그는 장수생의 길에서 벗어나 새로운 삶을 꾸려가게 됐다.

2019년 6월에 개장한 경북 경산의 코리우드 매장에는 수십여 개의 수족관에 족히 120여 종의 열대어들이 형형색색의 아름다운 자태를 뽐내고 있다. 그중에서도 가장 많은 어종이 바로 코리도라스 Corydoras다. 남아프리카 아마존 유역에서 생존하는 코리도라스는 무려 300여 종이나 된다. 그래서 열대어 마니아들에게는 수집 열풍까지 불고 있을 만큼 인기 만점이다. 물만 잘 갈아주면 최소 7년에서 길게는 15년까지 살 수 있을 정도로 생존력이 매우 강하다. 많이 잡히는 어종은 한 마리에 1,000원밖에 하지 않는 것도 있지만 희귀한 것들은 한 마리에 300만 원도 한다. 대부분 브라질, 페루, 콜롬비아 등에서 수입되어 들어온다. 코로나19 사태가 터지기 전만 해도 한

달 매출은 족히 1,000만 원에 육박했다. 게다가 아직 본격적으로 홍보를 하지 않은 상태에서 오로지 고객들의 입소문만으로 그 정도의 수익을 올릴 수 있었다.

가까운 지역인 대구, 영천 등지에서도 고객이 오지만 주말이면 서울, 인천, 속초에서도 마니아들이 찾아온다. 특히 이곳에서만 볼 수 있는 대추나무 고목을 활용한 수초에 매력을 느끼는 고객들이 많다. 열대어를 기르는 사람들은 수족관에 열대어만 넣어 놓지는 않는다. 최대한 자연적 환경과 시각적 효과를 위해 나무와 수초도 함께 조성한다. 이현우 대표는 구불구불 자연의 형상을 그대로 간직한 멋진 대추나무에 수초를 심어 어항 내부를 꾸며준다. 사람들은 열대어도 열대어지만 수초 때문에도 많이 찾아온다.

과거 이 대표가 공무원 시험을 준비했던 데는 딱히 대단한 이유가 있었던 건 아니다. 시험에 합격하면 퇴직 전까지 안정적으로 일할 수 있고 퇴직해도 연금이 나온다는 것이 전부였다. 더구나 대학 전공을 살리기 힘든 점도 수험 생활을 시작하게 된 이유였다. 도시공학과를 졸업했지만, 전공을 살려서 사회생활을 하려면 대개 석사나 박사 과정까지 공부해야 했다. 게다가 관련 자격증도 이것저것 따야만 했다. 하지만 당시의 이 대표는 공부에 큰 흥미가 없었고 또 그렇게 힘들게 공부하면서까지 전공을 살려야 할 이유도 딱히 찾지 못했다.

다행히 대학 친구의 아버지가 비닐 포장에 사용하는 에어캡 공장을 하고 계셨고 친구가 사업을 이어받으면서 함께 일할 기회를 얻었다. 직접 생산 현장에서 에어캡을 만들고 포장도 하고 공장 관리도 하며 전천후로 뛰었다. 하지만 3년이 지나니 '이건 아니다.' 싶었다. 딱히 비전이 있는 것도 아니고 친구 밑에서 일한다는 것도 쉽지 않았다.

그렇게 해서 시작한 것이 바로 공무원 시험 준비였다. 하지만 매번 불합격하다 보니 심리적으로 위축되었고 인간관계는 모두 단절됐다. 고향으로 다시 내려갈 수도 없었다. "그 집 아들이 공무원 시험 준비하다 낙방해서 집에서 농사나 짓고 있대."라는 동네 어르신들의 뻔한 이야기가 귀에 어른거렸다. 다른 건 몰라도 최소한 부모님이 그런 말을 듣게 하고 싶진 않았다. 그러니 수험 생활을 붙들고 있을 수밖에 없었고 자존감은 하염없이 낮아졌다. 문득문득 '정말 나는 안 되는 건가?'라는 생각이 들곤 했지만 다른 일에 도전하기도 쉽지 않은 상황이었다.

그렇게 한 해 한 해가 지나 30대 중반의 나이가 된 어느 날 조카가 아빠와 잡았다며 붕어 한 마리를 가져왔다.

"삼촌이 한번 키워봐!"

조카가 의미 없이 던져준 붕어였지만 왠지 키워보고 싶다는 생각이 들었다. 얼른 대야에 물을 받아 붕어를 넣어놓고 인터넷 쇼핑으로 수조와 먹이를 주문했다. 다행히 붕어는 생명력이 강해 수조가 도착하기 전까지 1박 2일 동안 무탈하게 살아 있었다. 물론 그때까지만 해도 이 대표에게 수족관 안의 붕어는 붕어일 뿐이고 자신의 삶과는 아무런 관련이 없었다. 그런데 물고기를 키우는 일이 의외로 고된 수험 생활의 '힐링'이 되었다.

"코리도라스는 저처럼 성격이 온순하고 겁이 많아요. 사람이 나타나면 눈치를 많이 보는데 내가 장수생 생활을 할 때의 심정이 그랬어요. 또 코리도라스는 성격이 온순해 군집 생활을 하면서 같이 몰려다녀요. 공무원 시험 준비하느라 오랫동안 혼자 생활했던 저로서는 동료들과 어울려 사는 코리도라스가 부럽기도 했어요. 그래서 코리도라스를 키우며 지켜보는 것이 마음에 힐링이 됐어요."

고요하게 살아가는 관상어들을 볼 때마다 마음이 안정되고 생각 없이 그들의 움직임을 따라가다 보면 잠시나마 위안을 얻을 수 있었다. 또 시간이 많이 드는 것도 아니고 해서 조금씩 관상어 공부를 하기 시작했다. 관련 인터넷 카페를 찾아보니 의외로 마니아가 많았다. 그렇게 수험 생활과 취미 생활을 전문적으로 하다 보니 서서히 마음이 기울었다.

"카페 활동을 하며 공부를 하면 할수록 관상어로 돈도 벌 수 있는 길이 눈에 보였어요. 그때만 해도 이미 수험 생활 7년 차였습니다. 말은 하지 않았지만, 마음으로는 이미 수험 생활을 거의 접은 상태였어요. 본격적으로 수조를 만들어서 관상어를 키우면서 도매로 납품을 해보고 싶었어요. 부모님 댁에 있던 수조가 12개로 늘어났고 남는 물고기를 팔다 보니 한 달에 많으면 200만 원의 수입까지 올랐어요. 결정적으로 수익성이 좋더라고요. 도매상으로 관상어 한 마리를 몇 천 원에 넘기면 소매상들은 1만 원에서 1만 5,000원까지 팔았죠. 그 모습을 보고 아예 본격적으로 사업을 해봐야겠다는 결심을 했어요."

그에게 새로운 희망이 생겼다. 비록 8년을 투자했던 공무원 시험에는 합격하지 못했지만, 자신이 좋아하고 잘 아는 관상어 사업이라면 예전보다 훨씬 더 열심히 해볼 수 있다는 생각이 들었기 때문이다. 그나마 친구 공장에서 일하면서 벌어놓았던 돈이 사업 자금이 될 수 있었다. 생활비는 부모님에게 받았고 3년 동안 일하면서 받은 돈은 거의 쓰지 않았기에 모인 돈이 꽤 됐다. 본격적으로 수족관을 들일 공간을 지었다. 하지만 돈은 턱없이 부족했다. 열대어를 수입해야 하고 다양한 물품과 기기 등을 마련하려니 돈은 바닥이 났고 대출을 받지 않으면 새로운 돌파구는 없었다. 그러나 대출을 받아도 걱정이었다. 만약 생각대로 사업이 되지 않으면 또다시 실패한 인생으로 낙인찍힐 게 뻔했다. 그렇게 고민에 고민을 거듭하던 2018년 하반기의 어느 날 도시 청년 시골 파견제 사업의 공고문을 보게 됐다.

이현우 대표가 낸 사업제안서는 '대추나무 고목을 활용한 고부가가치 관상어 양식 사업 및 목공업'이었다. 일반적으로 수조에는 자연환경을 구현하기 위해 단단한 나무를 가라앉히고 수초를 자라게 한다. 전문 용어로 '유목'이라고 부른다. 그런데 이게 수직으로 뻗어 있으면 별로 멋이 없다. 꼬불꼬불한 모양을 가져야 그럴듯해 보이기 때문이다. 그런데 이를 위해서는 대추나무가 제격이었다.

마침 경북 경산은 전국에서 제일 큰 대추나무 생산지다. 더구나 아버지가 대추를 생산하고 있었다. 일반적으로 유목은 아프리카나 인도네시아 등에서 수입하지만 대추나무라면 그런 수입품과 충분히 경쟁이 가능할 듯 보였다. 보통 대추나무 고목은 아무런 쓸모가 없어 땔감으로 쓰이지만 요즘 농촌은 보일러가 있어서 땔감으로도 쓰이지 못하는 운명이다. 하지만 이 대표의 손을 거치면 큰 것은 하나에 4~5만 원짜리 유목이 된다. 게다가 쌓여 있는 대추나무는 평생 사용해도 될 정도이니 '무한정 대추나무 자원'을 가진 셈이다.

이 대표는 직업 훈련원에 다니면서 목공을 배웠다. 수족관을 판매하게 되면 어차피 그것을 올려놓는 설치대가 필요하기 때문에 함께 만들어 팔면 일거양득이라는 생각이 들었다. 더군다나 일반 책상이나 수납장 등의 생활 가구도 만들 수 있기 때문에 수입을 늘리기에 좋다. 회사 이름이 코리우드Corywood인 것은 열대어 이름인 코리도라스Corydoras와 우드wood를 합친 것이다.

이 일을 하면서 이 대표는 지역과 더욱 밀착되는 사업을 전개할 수 있게 됐다. 과거의 그에게 고향인 영천은 그리 애착이 가는 곳은 아니었다. 영천에서 태어나고 자랐지만 공무원 시험에 떨어진 후에는 눈치를 봐야 하는 공간이었기 때문이다. 하지만 이제는 당당하게 지역 주민들을 대상으로 열대어 양식 및 재배 기술을 보급함으로써 농가의 새로운 소득원을 창출해주고 있다. 또 닥터피시, 관상어 사료 주기 등 어린이집, 유치원을 대상으로 한 체험형 프로그램도 개발했다. 사업이 좀 더 활성화되면 직원이 필요하기 때문에 인근의 시니어 일자리도 창출할 생각이다. 특히 사업을 하다 보면 인터넷 콘텐츠의 생산도 얼마든지 가능하다. 수조 세팅법과 열대어 종류 설명 등 할 수 있는 유튜브 콘텐츠가 많다.

"지나고 생각해보면 왜 그렇게 공무원 시험에 목을 맸는지 모르겠어요. 7~8년을 주눅 들어 살면서까지 그럴 필요가 있었을까 싶어요. 2~3년 열심히 해보다가 안 되면 포기하는 게 더 낫지 않았을까 싶어요. 하지만 이제라도 새로운 사업을 시작할 수 있어서 정말 다행이에요."

사실 이 대표에게는 또 하나의 경사가 있다. 바로 이 사업을 시작하면서 평생을 함께할 배필을 만났다. 매장에 손님으로 오던 한 여성과 결혼을 약속했다. 예비 신부는 사진 촬영과 웹디자인 분야의 일을 하고 있어 향후 코리우드의 온라인 마케팅에도 큰 도움이 될 것이다.

그의 이러한 인생 스토리는 비슷한 처지에 있는 사람에게 용기가 되기도 한다. 한번은 그가 진흥원의 도움으로 공중파 TV 방송에 출연한 적이 있다. 방송 출연 이후 전라도 광주에서 전화가 걸려 왔다. 전화로 '장수생'이라면서 수족관 창업을 준비 중이라고 자신을 소개하며 "TV에 나온 대표님의 모습을 보면서 많은 용기를 얻었습니다."라며 고마움을 전했다고 한다. 그래서 그에게 필요한 부분을 조언해주기도 했다고. 물론 그보다 더 많은 장수생 혹은 더 많은 예비 창업자가 그의 모습에서 용기와 희망을 얻었을 것이다. 한 청년을 지원해서 성공 모델로 만드는 것은 단지 한 개인에 대한 지원만이 아닐 수도 있다. 같은 세대를 살아가는 수많은 청년에게 새로운 미래를 꿈꿀 수 있게 해줄 수도 있기 때문이다

"어릴 때부터 대추나무 고목은 우리 집에 쌓여 있었습니다. 수십 년간 유심히 보지도 않았습니다. 이번 사업이 아니었다면 여전히 별 관심이 없었을 것입니다. 그런 점에서 뭔가 특별한 목적을 가지고 농촌에 관심을 가지면 분명 도움이 되는 부분을 찾을 수 있을 것입

니다."

코리우드는 지방에 버려지고 돌보지 않는 것들에 관한 관심을 바탕으로 만들어졌다. 죽은 대추나무라는 경산 지역의 자원과 코리도라스로 대표되는 열대어에 대한 개인적 관심을 바탕으로 다움이 만들어졌다. 그는 지역의 한계를 극복하기 위해 온라인 회원 수가 18만 명 되는 열대어 모임 카페를 적극적으로 활용했다. 대구 경북만 해도 회원 수가 1만 7,000명 정도 된다. 꾸준히 활동하면서 이런 카페의 협력 업체로 들어가서 협찬 비용도 내고 판매 물품도 올리고 새 어종의 입고 소식도 전했다. 그리고 코리우드를 알게 된 사람들이 정직하게 물고기 판다고 인터넷을 통해 주변에 입소문을 내면서 매장 방문객들이 하나둘씩 늘기 시작했다. 춘천-강릉-의정부 등에서도 사람들이 오기 시작했다. 개업 후 코로나19 사태 이전까지 반년 동안 4~5번씩 온 사람도 있다. 동해안 여행 간 김에 차를 몰고 경산까지 들른 손님도 있다. 안정적이지만 뻔한 삶이 아니고 자신만의 속도로 자신만의 다움에 기반해 경산에서 새로운 삶을 시작했다. 그는 새로운 라이프스타일의 모험가였다.

화수헌은 어떻게 문경에서 게스트하우스를 하게 됐는가

볕 잘 드는 마을이라는 뜻의 산양면 현리 마을은 경북 문경시에 있다. 이 마을은 신라 시대 근암현으로 시작해 고려 초 산양현이 된 천년이 넘은 마을로서 비단 같은 금천錦川 변에 위치하고 있다. 원래 임진왜란 즈음 정착한 인천 채씨의 마을로 한때는 100호가 넘는 큰 마을이었지만 지금은 그 절반으로 축소됐다. 곳곳에 빈집도 많았다. 이곳에 도시 거주하던 20대 청년이 동료들과 팀을 이루어 정착해 화수헌花樹軒이라는 이름의 게스트하우스와 카페를 열었다. 화수헌은 꽃과 나무라는 뜻이다. 원래 이 마을 옛집의 이름으로 자손의 번창과 집안의 번영을 바라는 의미로 쓰였던 것이다.

게스트하우스는 부산에 살던 도시 청년들이 리플레이스Replace라는 회사를 만들어 사업을 시작한 것이다. 20대 대표는 이렇게 말한다.

"리플레이스는 낡고 손상된 것을 대체한다는 의미가 있습니다. 지금의 청년들이 도시의 생활과 삶에 지쳐 있어요. 그래서 그 허물어진 청년들의 마음을 이곳에서 희망으로 대체하고 싶습니다."

과거 이 마을의 영광을 되찾듯 청년들이 다시 이곳Re place으로 돌아오기를 바라는 열망을 담고 있다. 젊은이들의 감각으로 공간을 꾸미고 인스타그램과 페이스북 등 디지털로 소통하고 알린 결과 평일에는 50~100명, 주말에는 최대 800명까지 방문하는 명소가 됐다. 방문객의 30퍼센트 이상이 서울·경기에서 온다. 그새 직원 수는 5명에서 13명이 됐다. 늘어난 식구 8명 중 2명은 서울, 6명은 문경 출신이다.

게스트하우스가 있는 산양면 현리는 원래 문향文鄕이 물씬 풍기는 곳이다. 근처에 서원이 있고 금천 변에는 산양 구곡이라고 옛 선인들의 자취와 광채가 있던 곳이다. 문경시의 엄원식 과장은 "현리는 문경의 정체성을 보여줄 고택이 많은 동네였고 민속 마을로 언젠가 지정해야겠다고 생각하던 차였습니다."라고 전했다. 그동안 고택은 남들에게는 그저 폐가 또는 흉가로 여겨지며 옛 선인들의 광채가 사라질 위기에 있다가 청년들의 감각으로 다시 살아나고 있다. 광채를 잃었다가 어떤 계기에 의해 다시 살아나서 오래되어도 가치가 있는 빈티지가 되는 것처럼 산양면 현리도 도시 청년의 감각과 열정과 에너지에 의해 다시 살아나려 하고 있다.

이 문경의 화수헌과 함께 앞에서 소개한 코리우드, 산과보롬, 상주 공간, 그리고 능행은 모두 경상북도의 도시 청년 시골 파견제라는 청년 유입 프로그램의 사업팀이다. 우리는 그들을 모두 로컬 크리에이터들이라고 불렀다. 원래 로컬 크리에이터의 정의를 찾아보면 '로컬 크리에이터란 지역 특성(문화, 관광 등)과 자원(공간, 생산품 등)을 기반으로 혁신적인 비즈니스 모델을 접목해 지역 문제를 해결하고 새로운 가치를 창출하는 창업가'로 정의되고 있다. 개인적으로는 이 말을 그렇게 좋아하지는 않는다. 이 말은 로컬 크리에이터를 지역 기반 스타트업으로 정의하는 것과 같다. 물론 이 말에 적합한 창업가들도 있겠지만, 위의 다섯팀 중에 혁신적인 비즈니스 모델을 가진 사람이 얼마나 될까? 그리고 스타트업들은 빠른 성장에 포커스가 있다. 하지만 그들은 자기만의 속도에 맞추기 위해 지역에서의 삶을 선택한 사람들이고 본인의 생존과 성장을 넘어 지역과의 상생과 선한 영향력을 지향한다는 점에서 지역 기반 스타트업이라고 부를 수는 없다.

얼마 전 제주에서 만난 한 공간 대표의 얘기는 생각할 거리를 던져주었다. 그도 개인적으로 로컬 크리에이터라는 용어를 별로 안 좋아한다고 얘기했다. 그의 얘기는 로컬 크리에이터라는 단어에는 너무 허세가 들어간 느낌이라는 것이다. 허세라는 표현을 직접 쓴 것은 아니지만 내가 듣기에는 그런 느낌으로 이해되었다. 생존을 걱정해야 하는 소상공인의 현실을 외면하는 말이라는 것이다. 그래서 그는 그냥 지방 소상공인이라고 불러달라고 했다. 그 말은 요즘 말로 하면 뼈 때리는 말이었다. 그러나 로컬 크리에이터를 지방의 소상공인이라고 정의한다면 허세는 빠지겠지만 실제 생존은 더 쉬워질까? 생존에 관한 관심은 정말 중요하다. 그러나 중요한 만큼 어떻게 생존을 담보할지에 대한 고민도 빠뜨려서는 안 된다. 특히 지속가능한 생존과 성장을 어떻게 담보할지, 바로 그 '어떻게'에 방점이 찍혀야 한다.

그래서 나는 그들을 지방의 창의적 소상공인이라고 부르고 싶다. 즉 '어떻게'의 방점을 '창의적'에 찍고 싶다. 물론 소상공인으로 시작해 화수헌처럼 하나의 큰 비즈니스로 발전시킬 수 있다. 하지만 이들의 시작과 업은 대부분 소상공인에 가깝기 때문이다. 다만 창의적이라는 말이 붙은 것처럼 그냥 소상공인 아니다. 지역에 오래되어 버려지거나 잊혔던 자원들을, 또는 오랫동안 도시 생활에서 버려지거나 잊혔던 본인들의 개성을 지역의 자원과 결합하여 결과적으로 지역을 다시 반짝반짝 빛나게 한다는 점에서 창의적이라는 것이다.

예를 들어 화수헌은 230년 된 한옥을 청년들의 감성과 결합했고 코리우드는 경산의 버려진 대추나무를 열대어 마니아인 대표 개인의 전문성과 결합 유목을 만들었다. 상주공간은 유명 요리학원 출신인

본인의 전문성과 상주만의 지역 특산물과 결합해 세상 어디에도 없는 디저트와 공간을 만들어냈다. 산과보롬은 초콜릿에 대한 본인들의 열정과 전문성을 영천이라는 지역성과 결합하여 영천에 하나밖에 없는, 아니 전국에도 몇 개 없는 빈투바 초콜릿 공간을 만들어 영천의 문화를 다양하게 했다. 능행도 식품가공학 석사와 식품회사 출신 본인의 전문성과 특기와 성주의 참외를 결합하였다. 그리고 농촌 들판에 젤라토 아이스크림 전문점을 열어 아이디어스에서 잘 팔고 있다. 즉 이것이 바로 창의인 것이다. 이를 통해 지역의 농산물을 소비해 주고 지역을 알리고 지역의 문화를 풍성하게 하고 지역과 상생하고 지역에 선한 영향력을 발휘하는 것이다.

개인적으로는 이 창의를 그래서 나만의 다움으로 바꿔 말하고 싶다. 그래서 로컬 크리에이터를 "나만의 '다움'이 있는 지방의 소상공인"이라고 정의하고 싶다.

3장 로컬 중소기업

: 어떻게 로컬 중소기업을 유니콘 기업으로 만들 것인가

1
기하급수적 변화의 시대이다

보통 변화에는 두 가지 종류의 변화가 있다고 한다. 변화 예측 가능성을 기준으로 산술급수적 변화와 기하급수적 변화가 그것이다. 산술급수적 변화는 한 번에 1미터를 걷는다면 30번째는 30미터가 되어 속도도 방향도 예측 가능한 변화이다. 기하급수적 변화는 첫 번째 걸음이 1미터라고 하면 두 번째는 2미터이고 세 번째는 4미터로 사실 곱셈의 세계이다. 이렇게 30번째 걸음을 걸으면 53만 킬로미터가 된다고 한다. 속도도 방향도 예측되지 않는 변화의 세계이다. 기하급수적 변화가 무서운 이유는 양적 변화가 너무 크다 보니 결국에는 질적 변화가 일어나게 되어 변화의 방향도 속도도 예측할 수 없게 되기 때문이다.

이번 코로나19 사태를 보면 전형적인 기하급수적 변화라는 생각

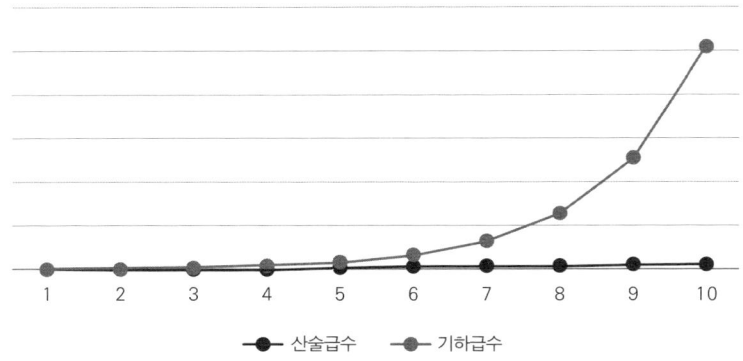

이 든다. 위 전 세계 코로나바이러스 확진자 숫자를 보면 J 커브로서 전형적인 기하급수적 변화의 양상을 띠고 있다. 더욱이 코로나19의 기하급수적 확진자 수의 증가 끝에는 델타 변이 오미크론이라는 전혀 예측할 수 없었던 새로운 변이가 등장함으로 기존의 예측도 대책도 전혀 무력화되는 것을 본다.

왜 4차 산업혁명 시대는 이런 기하급수적 변화가 일상일까? 4차 산업혁명 시대에 관한 정의는 많이 있다. '정보통신기술ICT의 융합으로 이루어지는 차세대 산업혁명'이라는 정의부터 '초연결에 의한 초지능의 혁명'이라는 정의까지 여러 가지 정의가 있다. 여기서는 변화라는 관점에서 초연결에 의한 융합과 공유의 혁명으로 4차 산업혁명을 정의하고 싶다. 사물인터넷 시장 동향을 발표하는 사물인터넷 애널리틱스IoT Analytics에 따르면 전 세계 사물인터넷 장치는 2025년까지 309억 대로 예상되며 2021년의 138억 대보다 2배 이상 늘어날 전망이다. 모든 것들이 연결되는 사물인터넷은 문자 그대로 모든 무생물에 생명을 준다. 사물들이 서로 교류하고 통신하면서 지구촌 전체가 하나의 거대한 생명체로 진화하는 것이다. 우리는 이처럼 각 요소가 연결되어 하나의 유기체처럼 움직이는 것을 융합이라고 부른다.

기술의 발달과 융합으로 세상이 급격히 바뀌고 있다

모든 것이 융합되는 것이 대세다. 그중 특히 3가지 정도의 융합이 요즘 화제를 불러일으킨다. 첫 번째는 메타버스로 대변되는 현실과 가상의 융합이다. 두 번째는 생물학과 공학의 융합이다. 세 번째는 인간과 기계의 융합이다.

이 3가지 융합은 엄청난 임팩트를 가지고 미래 우리 생활을 변화시킬 것이다. 먼저 가상과 현실의 융합 메타버스에 관한 이야기이다. 메타버스는 원래 말 그대로 초세계라는 뜻으로 초월$_{beyond}$과 가상을 의미하는 메타$_{meta}$와 세계를 의미하는 유니버스$_{universe}$의 합성어이다. 1992년 출간된 소설 『스노 크래시』[10] 속 가상세계 명칭인 '메타버스'에서 유래한다. 그런데 앞에서도 말했지만 메타버스에 대해 많은 사람이 가지는 가장 큰 의문은 왜 지금이냐는 것이다. 사실 세컨드 라이프나 리니지의 MMORPG 게임을 생각할 때 과거에도 일정 수준의 가상세계는 존재했는데 왜 메타버스에만 이렇게 호들갑을 떠느냐고 의문을 표하는 사람들이 많다.

대답은 3가지로 할 수 있다. 첫 번째, 코로나19로 인한 물리적 세계에서 벌어져야 하는 소통의 부재를 대체할 공간에 대한 필요, 물리적 한계를 초월하고 고객을 확보하고 매출을 올릴 수 있는 비즈니스 모델에 대한 모색, 그리고 모바일로 인한 항상 연결된Always Connected 환경과 증강현실AR과 가상현실VR 등 실감 기술 개선의 3가지를 들고 있다. 이런 속성들로 인해 메타버스는 파생 현실과 확장 현실 등으로 현실과 가상의 융합적 특성을 가지고 정의된다. 실제로 대표적인 메타버스인 로블록스의 경우 이용자당 평균 이용 시간도 약 2.6시간(약 156분)으로 전체 이용자 하루 활동 시간의 16.3퍼센트를 메타버스에서 안에서 보내고 있고 전 세계적으로 일일 접속자가 2021년 3분기 기준으로 4,730만 명에 달할 정도이다.

두 번째, 생물학과 공학의 융합 관련해서 깜짝 놀랄 소식이 전해졌다. 미국 의료계가 세계 최초로 돼지 심장을 사람에게 성공적으로 이식했다는 소식이 현지 시각으로 2022년 1월 10일 『뉴욕타임스』 등에 보도되었다. 동물 장기 이식은 기증에 의존해온 장기 이식 분야에서 획기적인 사건이란 평가가 나온다. 전문가들은 즉각적인 거부 반응이 일어나지 않은 것만으로도 이식 장기 부족을 해결할 '역사적 분수령'이라고 입을 모았다. 동물 장기 이식은 거부 반응이 문제이다. 그런데 돼지 심장을 제공한 재생의학 회사 리비비코어는 유전자 가위 기술을 통해 상쇄시켰다. 부작용을 일으킬 수 있는 돼지 세포 속 당분을 비활성화키는 방법을 통해서이다.[11]

생물학과 공학의 융합인 생명공학 기술 또는 바이오테크놀로지BT,

Biotechnology는 생물의 유전자 DNA를 인위적으로 재조합하거나 형질을 전환하거나 생체 기능을 모방하여 다양한 분야에 응용하는 기술, 즉 생명 현상, 생물 기능 그 자체를 인위적으로 조작하는 기술이다. 해파리의 DNA를 토끼에 이식해 야광 토끼를 만들고, 효모균과 설탕에 거미의 DNA를 적용해 강철보다 강하고 스판덱스보다 신축성이 좋은 섬유를 만들고, 요즘 화제가 되는 배양육을 만들기도 한다. 그 마지막 그림에 대해서는 많은 논란이 있다. 하지만 이제 인류는 무생물을 넘어 생물도 마음대로 다루게 되었다.

세 번째, 인간과 기계의 결합은 그동안 많은 공상 과학 영화에서 다루어왔다. 영화 「공각기동대」에서 뇌는 사람이지만 몸은 기계인 경우도 있었고 몸에 부착하면 무거운 물건을 더 쉽게 들게 해주는 로봇 옷은 일상에도 들어와 있다. 꼭 로봇은 아니지만, 일론 머스크Elon Musk가 만든 뉴럴링크라는 회사도 있다. 뉴럴링크는 뇌에 전극을 심어 뇌 신호를 파악하는 기술을 가진 업체. 뇌 임플란트라고도 부르고 뇌-기계 인터페이스BMI, Brain-Machine Interfaces라고도 부른다. 두뇌 일체형 단말기는 링크라고 한다. 링크는 뇌 신호를 가져오고 블루투스를 통해 스마트폰이나 PC와 같은 기기로 전송하는 역할을 한다. 기기는 이 신호를 파악해 뇌가 어떠한 운동을 하려고 하는지를 파악한다. 뇌-기계 인터페이스는 전극을 통해 뇌의 정보를 인식하는 기술이다. 뇌를 구성하는 신경 세포(뉴런)는 전기적 신호로 데이터를 전달한다.

만일 이 기술이 더 발전하면 반대의 경우도 가능할 수 있다. 기기에서 데이터를 뇌로 보낼 수도 있는 것이다. 정보를 실어 뇌에 업로드할 수도 있는 것이다. 1982년에 개봉한 영화 「화이어폭스」에는 조종사의 생각대로 비행기가 움직이는 장면이 나왔고 1999년 개봉한 영화 「매트릭스」를 보면 갑자기 헬리콥터를 조종할 일이 생겼을 때 조종 매뉴얼을 등장인물의 머리로 다운로드하는 장면이 나왔다. 그런데 그런 시대가 실제로 올 수도 있다. 인간과 기계의 결합은 인간의 능력을 신과 같은 위치로 끌어올릴 수도 있지 않을까.

이런 융합의 결과 기하급수적 변화가 시장에서 일어난다. 2003년 6월 미국의 빌 클린턴Bill Clinton 대통령과 영국의 토니 블레어Tony Blair 총리는 인간 게놈 프로젝트의 완성을 선언하면서 "인류 역사상 가장 중요한 사건 중 하나" "신이 인간을 창조한 언어를 이해하는 과정에 들어선 사건"이라고 격찬하며 게놈 프로젝트의 완성을 축하했다. 이때 30억 개 게놈을 분석하는 데 들였던 시간은 무려 13년에 비용은 30억 달러(3조 원)였다. 이로부터 불과 4년 만인 2007년 6개월에 100만 달러(10억 원)로 시간과 비용이 줄었고 2011년에 48시간에 3,000달러로 줄었다. 이윽고 2014년에는 단 2일 만에 1,000달러(100만 원)에 유전체 분석을 할 수 있게 되는 시대가 되었다. 최근에는 100달러 이하로까지 줄었다. 게놈 분석은 하나의 예이지만 이제 우리 사회에 이런 기하급수적 변화는 일상이다.

새로운 기업이 출현하는 캄브리아 모멘트가 온다

융합과 더불어 대표적인 현상이 공유이다. 개인적으로는 융합과 공유를 쉽게 설명할 때 이렇게 한다.

"초연결의 결과 모든 대상이 너무 가까워져서 대상 간의 경계가 무너지고 일체화되는 화학적 결합인 융합이 발생하고 소유와 실체가 융합되지는 않지만, 일시적으로 공유되는 물리적 결합인 공유가 발생한다."

사실 공유는 디지털 기술의 발달로 가능해졌다. 스마트폰으로 연결되어 있다 보니 항상 열려 있는 가상의 시장이 생겼다. 디지털 기술을 기반으로 데이터와 알고리즘에 기반하여 거래 비용이 제로에 가깝게 수요자와 공급자를 연결해줌으로 거대한 공유 시장이 열린 것이다. 여기에 네트워크 효과에 의해 플랫폼끼리 승자 독식의 경쟁을 벌이다 보니 공유 시장은 점점 더 커지게 되었다. 대표적인 공유 경제로는 우버와 에어비앤비가 있고 배달의민족의 배달 서비스도 식당을 안 가지고 있지만, 그 식당을 묶어 거대한 배달 시장을 만들어 고객에게 서비스한다는 점에서 공유 경제라고 할 수 있다. 이렇듯 공유 경제는 이미 우리 일상에 깊숙이 침투해 있고 우리 삶을 바꾸고 있다.

융합을 넘어 공유도 기하급수적 변화를 일으킨다. 미국에 숙취 해소 음료라는 카테고리를 만든 기업이 있다. 이 기업의 제품 개발, 검증, 생산, 자금 모집 등 모든 과정은 공유 자원의 도움을 받았다. 테슬라 엔지니어 출신인 모어랩스의 이시선 대표는 어느 날 숙취 해소 음료의 가능성을 발견한다. 그는 서던 캘리포니아 대학교USC 징 리엥Jing Liang 교수가 헛개의 숙취 해소 효능에 관해 쓴 논문을 읽고 찾아가 제품 개발을 의뢰한다. 그렇게 만든 시제품에 대해 페이스북 그룹을 만들어 베타 테스터로 신청하는 사람에게 샘플을 보내주고 1,000명으로부터 피드백을 받았다. 그리고 '5달러에 필요한 것을 만들어준다'는 취지의 재능 거래 플랫폼 파이버를 통해 주문자 상표 부착 생산OEM 공장 리스트를 받아 그중 적합한 공장을 찾아 샘플을 만들 수 있었다. 이때 파이버를 통해 소개받는 데 10만 원 정도 냈고 실제 공장을 통해 샘플 만드는 데 100만 원 정도 들었다고 한다. 그 이후 인디고고[12]를 통해 25만 달러의 선주문을 받고 실제 제품의 대량 생산을 하게 된다.

이시선 대표는 2016년 말 한국에서 숙취 해소 음료를 발견하여 2017년 8월 창업했고 9월 기준 매출 100만 달러를 달성했다. 이후 2020년 7월 기준 미국에서 약 400만 병 넘게 팔리며 250억 원의 매출을 올렸다. 과거에 『포춘』 500대 기업이 시총 1조 원에 도달하는 데 20년이 걸렸다면 오늘날 유니콘 기업들이 시총 1조 원에 도달하는 데는 2018년 기준 약 6년 정도라고 한다. 그 시간은 갈수록 점점 더 짧아지고 있다.

영국 유력 주간지 『이코노미스트』는 이런 새로운 기업의 출현을 새로운 종 화석의 대량 출현으로 창조론과 진화론 사이 논쟁을 불러일으킨 5억 4,000만 년 전의 지질학적 대사건인 캄브리아기 대폭발에 빗대어 '캄브리아 모멘트'라고 표현했다. 그 결과 시스코의 존 챔버스John Chambers 회장은 『포춘』 500대 기업의 40퍼센트, 카네기멜런 대학교 공과대학 석좌 교수인 비벡 와드와Vivek Wadhwa는 70퍼센트가 10년 내 사라질 것이라는 예언을 한다.

누군가는 4차 산업혁명이 일으킨 융합과 공유가 일으킨 변화에 대해 과거 우리가 100개의 레고 조각을 갖고 놀았다면 이제는 1억 개의 레고 조각을 갖고 노는 것과 같다고 설명했다. 1억 개의 레고 조각 조립으로 나올 수 있는 경우의 수를 예측하고 통제할 수 있을까? 불가능하다. 그래서 4차 산업혁명 시대 우리가 직면한 변화는 예측도 통제도 불가능한 기하급수적 변화이다. 우리는 이런 변화가 일상인 시대를 살고 있는 것이다. 이 변화에 어떻게 대응할 것인가?

중소기업이라는 생각의 틀을 벗어나야 한다

오늘날 한국의 중소기업은 위기에 빠져 있다. 납품처였던 대기업들은 해외로 옮기거나 시장과 경쟁의 경계가 무너지는 극한의 경쟁 속에서 각자도생으로 밴더사였던 중소기업을 돌아볼 여유가 없어졌다. 해외 시장에서도 가격에서는 중국에, 기술에서는 독일과 일본 등 선진국에 샌드위치처럼 끼워져 있기 때문이다. 그래서 중소기업이라는 생각의 틀 안에서는 더는 미래가 없다고 이야기한다. 패러다임을 바꾸어야 한다는 얘기가 많이 나오는 이유이다.

중소기업이라는 말에는 두 가지 의미가 있다. 기업 규모가 작다는 뜻과 함께 보호와 육성을 기반으로 대기업으로 가는 성장 사다리가 작동하고 있다는 뜻이다. 그러나 오늘날에는 기업을 나누는 기준이 크기보다는 변화에 대한 대응 속도가 더 중요시된다. 실제로 요즘엔 큰 기업이 작은 기업을 잡아먹는 게 아니라 빠른 기업이 느린 기업을 잡아먹지 않는가. 이제 기업들은 독일의 딜리버리히어로에 4조 7,000억 원에 인수된 배달의민족처럼 변화에 대한 대응과 적응을 통해 급속하게 성장하거나 느리게 죽는 두 가지 선택지밖에 없다. 그래서 최근 코로나19처럼 예측과 통제가 불가능한 기하급수적 변화에 대한 대응력과 속도를 기준으로 '기하급수 기업'이냐, 아니면 '산술급수 기업'이냐로 나누어야 한다.

시대의 변화에 따라 바뀌는 기업의 미래를 생각하면 우리 경북의 중소, 중견 기업들을 기하급수 기업으로 만들고 싶다. 그러면 어떻게 기하급수 기업을 만들 것인가?

첫째는 담대한 목표를 가져야 한다. 경영학의 대가 피터 드러커 Peter Drucker가 사람은 꿈의 크기만큼 자란다고 얘기했듯 그 말은 기업에도 적용된다. 중소기업의 목표는 상대적이며 숫자로 표시된다. 그러나 기하급수 기업의 목표는 세상을 바꾸겠다는 절대적인 담대한 목표MTP, Massive Transformative Purpose여야 한다. 최근 주식 시장에 '꿈의 지표PDR, Price Dream Ratio'라는 개념이 생겼다. 직역하면 '주가 대비 꿈 비율'이다. 빠르게 성장하는 산업 내에서 두각을 나타내며 가파르게 주가가 뛰는 기업은 순이익이나 순자산 등 가시적인 지표를 넘어 잠재력, 즉 '꿈'을 반영해 평가해야 한다는 것이다. 이미 시장과 세상은 꿈을 평가하는 것이다.

둘째는 외부 자원을 잘 활용할 수 있어야 한다. 특히 코로나19 충격으로 시장 경계와 경쟁 방식의 붕괴가 가속화하고 있다. 이 시대에는 어떤 조직도 내부 자원만 가지고는 변화를 따라갈 수 없다. 넷플릭스의 핵심 경쟁력인 시네매치 알고리즘도 넷플릭스 경진대회를 통해 전 세계 천재들의 힘을 빌려 만들어졌다. 앞으로 어떤 기업이든 생존과 성장을 보장받으려면 외부와의 협업은 선택이 아닌 필수라는 사실을 명심해야 한다.

셋째는 개방적이고 수평적 조직문화에 기반해야 한다. 현재 중소기업의 일하는 방식은 수직적이고 내부지향적이다. 반면 기하급수 기업은 수평적이고 외부 지향적 조직문화이고 시선의 지향은 현재가 아닌 미래이다. 우리는 꿈의 크기만큼 시선의 지향이 변한다. 최근 화제가 된 쿠팡의 미션은 '쿠팡 없이 어떻게 살았을까?'라고 생각하는 세상을 만드는 것'이라고 한다. 쿠팡은 항상 미래를 보며 하루 이틀 적자에 아랑곳하지 않고 천문학적 비용을 로켓배송에 투자해 경쟁에서 승리할 수 있었다. 기하급수 기업들은 이렇게 미래를 보며 그 비전을 달성하기 위해 전속력으로 성장을 지향한다.

넷째는 비즈니스 모델의 변화이다. 기하급수 기업들은 데이터에 기반하여 솔루션을 만들고 고객들을 연결하는 플랫폼 기업으로 변신해야 한다. 항공기 엔진 제조회사인 GE가 항공기 엔진에 센서를 부착해 빅데이터를 만들어 문제를 예측하는 솔루션 사업자로 변신한 얘기는 많이 알려져 있다. 세계 등대 공장으로 선정된 포스코는 어떤가? 용광로 상태를 결정하는 주요 변수를 빅데이터로 만들어 최적의 결괏값을 뽑아내는 딥러닝을 진행하여 인공지능 용광로를 만들었다. 그 결과 하루 240톤의 쇳물을 더 많이 생산했고 4년간 2,500억 원의 원가 절감을 이루었다. 이제 이 솔루션을 다른 공장에 판매하려고 하고 있다.

4차 산업혁명을 가장 잘 설명하는 정의는 '초연결에 의한 초지능의 혁명'이다. 연결된 데이터들이 빅데이터가 되고 그 빅데이터를 학습한 인공지능이 자율적으로 일하는 시대가 4차 산업혁명 시대라는 것이다. 이제 모든 기업이 데이터에 기반한 플랫폼 기업으로 변신해야 한다.

"노인을 위한 나라는 없다."라는 말은 영화 제목으로 많이 알려져 있는데 원래는 아일랜드 시인 윌리엄 예이츠William Butler Yeats의 시 「비잔티움으로의 항해Sailing to Byzantium」에 있는 구절이다. 그 뜻은 노인의 경험과 지혜대로 예측할 수 있도록 흘러가는 사회에선 노인은 대접받을 것이지만 현실은 경험 많은 노인이 예측한 대로 흐르지 않고 복잡하고 이해할 수 없다는 것이다. 그 구절을 현재의 산업 생태계에 적용해도 무리가 없을 듯하다.

"이제 중소기업을 위한 나라는 없다."

우리는 어떻게 할 것인가?

2
담대한 목표를 가져라

서울 도산 공원에 가면 한 브랜드의 스토어가 있다. 철거 직전의 낡은 건축물을 연상케 해서 전형적인 아름다움과는 거리가 멀지만, 시공간을 초월한 듯한 생경한 풍경이 강렬한 이미지를 선사한다_{Weird Beauty}. 3층에는 육족 보행 로봇 '프로브_{The Probe}'가 거대한 다리를 꿈틀거리며 고객을 맞고 지하 1층과 4층에서는 모든 제품을 예술품처럼 전시해 마치 갤러리에 와 있는 듯한 착각을 불러일으킨다.

이 기업은 그전에도 계동에서 50년 된 대중목욕탕을 매장으로 만들더니 연이어 인형의 집과 세탁소를 콘셉트로 이색 매장을 선보였다. 토종 브랜드로는 드물게 중국, 뉴욕, 런던을 포함한 주요 도시에 50여 개의 직영 매장을 운영 중이다. 2011년에 만들어진 이 브랜드는 2015년 매출 572억 원, 2017년 1,896억 원, 2019년 2,980억 원을 올렸다. 매출과 더불어 30퍼센트에 가까운 놀라운 영업 수익을 올리는 '몬스터'로 성장했다(2020년은 코로나19로 매출이 감소했지만 영업 이익률은 유지하고 있다). 「별에서 온 그대」에서 천송이 선글라스로 유명해진 아이웨어 브랜드 젠틀몬스터 이야기이다. 젠틀몬스터의 미션과 사명은 바로 '세상을 놀라게 하기'이다.[13]

거대한 변화를 일으킬 담대한 목표를 가져라

담대한 목표MTP는 거대한 변화를 불러온다. 이러한 목표는 대체 어떤 목표일까? 이 질문에 대답하려면 앞에서도 언급했지만, 제품이나 서비스를 만들 때 왜Why - 어떻게How - 무엇What 중에서 '왜'인 미션에 집중해야 한다. 제품의 세부 기능과 특장점만으로 차별화하면 쉽게 복제된다. 텔레비전의 특장을 큰 화면에 집중하면 다른 기업이 금방 더 큰 화면을 내놓기 때문이다. 젠틀몬스터의 존재 이유는 선글라스(무엇)를 만드는 것도 아니고 독특한 디자인의 선글라스(어떻게)를 만드는 것도 아니다. 세상을 놀라게 하는 것(왜)이 존재 이유이다. 그래서 그들은 선글라스든 매장이든 수단(채널)에 상관없이 계속 세상을 놀라게 한다.

애플 또한 거대한 변화를 불러오는 목표에 집중한 덕분에 세계에서 가장 기업 가치가 높다. 애플의 마케팅 메시지는 '왜'에서 출발한다.

"우리는 '현 상태에 도전'(왜)해야 한다고 믿습니다. 우리는 다르게 생각하기Think Different 위해서 디자인이 아름답고 직관적 사용자경험 UX(어떻게)의 제품을 만듭니다. 그 결과 좋은 컴퓨터를 만들게 됐습니다(무엇). 우리 제품을 사시겠습니까."

고객들은 애플의 '왜'에 고무됐기 때문에 애플의 제품을 구매한다는 게 사이먼 사이넥의 설명이다. 디자인 때문에 애플 제품을 구매한다고들 하지만 이는 진짜 이유가 아니라는 것이다. 즉 거대한 변화를 일으키는 목적은 바로 나의 존재 이유로부터 출발해서 세상을 변화시키는 목적이며 미션이다.

긍정 심리학의 대가 마틴 셀리그먼Martin Seligman은 행복의 세 가지 상태를 즐거운 삶(쾌락), 펼치는 삶(자기실현), 그리고 의미 있는 삶(헌신)으로 정리한다. 밀레니얼 세대는 삶에서 자신에 대한 의미와 목적을 추구한다고 한다. 전 세계적으로 그들의 열망은 점점 더 커지고 똑같이 열망을 가진 기업에 끌리는 것은 당연하다. 사람들은 고객으로, 직원으로, 투자자로 열망 기업에 끌린다. 테슬라의 '지속 가능 에너지로의 세계 전환을 가속화하기', 구글의 '세상의 정보를 조직화한다' 등 세상을 변화시킬 꿈과 열망이 있어야 한다.

우리는 왜 이 일을 하는가와 왜 존재하는가에 답할 수 있어야 한다. 담대한 목표MTP는 바로 그 열망의 힘으로 사람들을 끌어당기고 거대한 자장을 형성하고 그 기업을 중심으로 커뮤니티와 팬덤을 만든다. 애플이 조지 오웰George Orwell의 『1984』를 패러디한 '다르게 생각하라Think Different'라는 담대한 목표MTP에 기반한 론칭 광고를 보냈다. 그러자 사람들은 애플에 열광하기 시작했다. 그들의 철학에, 그들의 존재 이유에, 그들의 미션에 매료됐고 애플빠가 됐다.

담대한 목표는 그 자체로 혁신을 촉진한다

테슬라 이야기를 좀 더 하고 싶다. 아니, 일론 머스크 개인의 이야기를 하고자 한다. 이제 개인도 담대한 목표MTP를 가져야 한다는 관점이다. 그는 여러 가지 사업을 전개하고 있는데 그의 다양한 사업을 어떻게 이해해야 할까? 개인적으로는 '인류의 지속가능성'에 대한 그의 관심에서 그의 사업 영역을 이해해야 한다고 생각한다. 그는 인류가 과연 앞으로도 지속가능할 것인가에 대한 우려를 하고 있다. 그가 생각하는 첫 번째 인류의 지속가능성에 대한 위협은 기후변화이다. 그래서 탄소 배출의 주범인 이동 수단에 대한 전환을 추진한다. 그는 '지속가능 에너지로의 전환'을 목적으로 하는 테슬라를 만들었다.

두 번째 인류의 지속가능성에 대한 위협으로는 인공지능을 꼽는다. 실리콘밸리에 인공지능의 존재에 대한 두 개의 전망이 존재한다. 인공지능이 인류의 위협이 될 것이라는 부정적 전망과 축복이 될 것이라는 긍정적 전망이다. 전자의 대표가 일론 머스크이고 후자의 대표가 페이스북의 마크 저커버그라고 한다. 일론 머스크는 인류가 인공지능에 대항하기 위해서는 인류의 지능도 인공지능처럼 올라가야 한다고 생각하고 이런 목적으로 만들어진 회사가 바로 뉴럴링크이다. 영화 「매트릭스」의 내용처럼 사람의 머리에 칩을 심어서 다양한 정보나 지식을 바로 다운로드나 업로드하게 만들어 인공지능과 대등한 지능을 갖게 하는 것이 목적인 회사이다.

세 번째 회사는 바로 스페이스X다. 이런저런 장치로도 인류가 멸망으로 갈 때 최종적으로 인류를 화성으로 이주시키겠다는 계획이다. 일론 머스크는 2050년까지 100만 명의 인류를 화성으로 이주시킨다는 계획을 세우고 있다. 그래서 만든 게 스페이스X이다. 조직만이 아니라 어쩌면 개인도 담대한 목표MTP가 필요할지도 모른다. 테슬라 주식을 사는 사람 중에는 테슬라를 사는 게 아니고 일론 머스크의 꿈을, 비전을, 열정을 사는 사람이 많을 것이다.

담대한 목표MTP는 그 자체 담대함으로 혁신을 촉진한다. 담대한 미션을 달성하기 위해서는 당연히 10퍼센트 혁신으로는 충분하지 않다. 10배의 혁신이 필요하다. 10배 혁신을 목표로 삼으면 새로운 사고방식, 창조적인 생각, 도전적인 기준으로 이어진다. 10배 빠르게, 10배 저렴하게, 10배 혁신적으로, 10배 효율적으로.

미국 존 F. 케네디John F. Kennedy 대통령이 10년 내 인류를 달나라에 보내겠다는 문샷[4] 목표를 잡은 후에 우주 경쟁에서 구소련을 추월한 이야기는 유명하다. "달나라로 가자."라는 목표가 생기면 가슴 속에 꿈이 생기고 좀 더 창의적인 방법을 찾게 된다. 또한 담대한 목표MTP가 나뿐만 아니라 주변 사람들까지 심장을 뛰게 만든다. 10퍼센트 끌어올리는 것은 혼자 힘으로도 가능하지만 10배 혁신은 결코 혼자 할 수 없다.

3
외부 자원을 활용하라

　지난 2017년 7월 초 여러 신문에 18세 인도 소년에 관한 기사가 났다. 미국항공우주국 나사NASA가 주최한 경진대회에서 탄소 섬유를 활용해 3D 프린터로 만든 64그램짜리 최경량 인공위성을 출품해 상을 받은 것이다. 나사는 중력 가속도와 자기장 측정을 위해 여덟 개의 센서가 탑재된 이 인공위성을 로켓에 실어 우주로 발사하기로 했다.
　이 기사를 보면서 두 가지 생각이 떠올랐다. 첫째는 과거 선진국의 전유물이었고 오랜 시간과 투자 비용이 들어가는 인공위성을 인도 시골의 한 소년이 만들 수 있는 세상이 왔다는 점이다. 둘째는 천재들만이 모인 나사에서도 경진대회를 통해 이렇게 세계적인 인재들을 받아들여 적극적으로 활용하고 있다는 점이다. 이 두 가지 생각중에서 특히 나사의 외부 인재 활용이 더 인상적으로 와 닿았다. 내부의 자원만으로는 혁신이나 창의의 요구를 만족할 수 없다. 이 부족한 점을 메우는 것은 당연하게도 외부 자원의 활용이어야 한다.

외부 자원의 활용에는 크게 두 가지의 자원이 있다. 물적 자원과 인적 자원이다. 물적 자원은 외부의 자산과 같은 것이다. 에어비앤비가 다른 사람들의 집을 활용해서 비즈니스를 하는 것이거나 우버가 다른 사람들의 차를 활용하는 것과 같은 것들이 바로 물적 자산을 활용하는 것이다. 이런 물적 자산의 활용은 공유 경제와 함께 이미 우리 비즈니스에 깊숙이 들어와 있다. 여기서는 경쟁에 가장 중요한 요소인 '인재'를 어떻게 활용할 것인지에 관해 이야기하고자 한다.

외부 인적 자원의 활용과 관련해 일반적으로 많이 언급되는 단어는 크라우드소싱이다. 크라우드소싱은 '대중'과 '아웃소싱'의 합성어로 내부를 대신하여 외부의 전문가와 대중에게 문제의 해결책을 구한다는 뜻이다. 이는 기업 내부에서 문제해결을 시도하는 '인소싱', 외부의 소수 전문가를 활용하는 '아웃소싱'과는 다른 혁신 기법이다. 글로벌 업체 중에는 소셜 제품 개발 플랫폼 쿼키, 다양한 문제해결을 추구하는 문제해결 플랫폼 이노센티브, 그리고 크라우드 펀딩과 연결된 인디고고 등이 있다. 크라우드소싱 안에서는 개방성을 기준으로 광범위한 대중을 대상으로 그때그때 필요한 문제들을 해결하는 경진대회와 같은 방식과 자기 기업만을 위한 커뮤니티를 통해 외부의 대중을 활용하는 방법이 있다.

왜 크라우드소싱이 필요한가? 인적 자원의 반감기라는 개념이 있다. 조직 학습 관점에서 조직 내 전문 인력의 기술 역량이 절반 수준으로 떨어지는 데 걸리는 시간을 의미한다. 컴퓨터와 같은 첨단산업의 경우 2.8년이라고 한다. 치열한 학습이 없다면 2.8년만 지나면 조직 내 전문 인력 역량은 절반으로 떨어진다는 것이다. 조직 내부에서 인적 자원을 관리하는 입장에서는 골치 아픈 문제일 수밖에 없다. 그렇다면 어떻게 이 문제를 해결할 수 있을까?

테드TED에서 소셜미디어 구루인 클레이 셔키Clay Shirky 교수는 전 세계적으로 사람들이 가진 자유 시간을 합하면 1조 시간이 넘는다는 '인지 잉여'를 언급했다. 2021년 7월 기준 모바일 사용자는 53억 명이고 보급률은 67퍼센트에 달한다. 이제는 조직 밖에 천재들이 있을 가능성이 크다는 것과 그들은 기꺼이 협력할 시간과 의사가 있고 또 그럴 인프라도 갖춰져 있다는 것을 의미한다. 미국의 시장 조사 업체 가트너는 앞으로 소비재 제조업체 중 절반 이상이 혁신과 연구개발 능력의 75퍼센트를 크라우드소싱을 통해 얻을 것으로 전망했다. 4차 산업혁명 시대에 크라우드소싱은 규모와 다양성 측면에서 가장 경쟁력 있는 오픈 이노베이션 방법이 될 것이다. 수많은 과학자가 10년 동안 해결하지 못한 문제를 6만 명의 사람들이 단 10일 만에 해결한 에이즈 치료제 개발은 크라우드소싱의 힘을 보여주는 대표적 사례이다.

크라우드소싱 경진대회를 통해 아이디어를 얻어라

경진대회 자체는 이미 나폴레옹Napoléon이 러시아로 진격할 때 활용했다. 이를 통해 발명한 통조림 제조법이 지금도 사용되고 있을 정도로 효과가 있었다. 우리에게도 많이 알려진 브리티시페트롤리엄BP의 기름 유출 사고 해결을 위한 경진대회도 유명하다. 브리티시페트롤리엄의 석유 굴착장치가 멕시코만 연안에서 폭발하며 가라앉아 7억 6,000만 톤이 넘는 기름이 바다로 뿜어져 하와이 본섬 정도 크기의 기름띠가 퍼졌다. 2010년 7월 26일 '기름 정화 엑스 챌린지'가 공표됐고 7개월의 마감 시한 동안 약 350개 팀이 참가했다. 최종 1등 팀의 기름 회수율은 업계 최고보다 400퍼센트 높았다. 재미있는 사실은 등수 안에 들지 못한 비전문가 팀이 업계 회수율보다 두 배 이상을 제안했다는 것이다.

최근 경진대회와 관련해서 유명한 사례는 넷플릭스의 시네매치 사례이다. 시네매치는 사용자가 원하는 영화를 자동으로 추천해 주는 서비스로 사용자의 80퍼센트가 만족해한다. 이는 넷플릭스만의 차별화한 핵심 가치로 더 많은 소비자가 참여하면 참여할수록 더 정확한 추천이 가능하다는 측면에서 네트워크 효과를 가진다. 넷플릭스는 이 시네매치를 개선하기 위해 상금 100만 달러의 경진대회를 개최했다. 150개 국가에서 1만 8,000여 팀이 참가한 이 대회는 역사상 가장 유명한 경진대회 중 하나로 꼽힌다.

최근 우리나라도 경진대회의 활용에 적극적이다. SK의 최태원

회장은 SK AI 경진대회를 개최했고 대한상공회의소의 회장으로 '2021년 국가발전 프로젝트' 경진대회를 개최했다. 공모전에는 대상 1억 원을 포함해 총상금 2억 2,900만 원을 지급하고 공모전에서 수상한 아이디어가 사업화되는 경우 수상자는 최대 4.5퍼센트의 지분을 부여받는다. 최종 결선에서 '사소한 통화'가 1위를 차지했다고 한다.

사소한 통화는 '치매 막는 10분 통화'라는 콘셉트로 치매 증상이 처음 발현한 뒤 병원에 가기까지 2.7년이나 걸린다는 것에 착안했다. 통화 한 통으로 치매 진단검사$_{K-MMSE}$를 진행하는 방식이다. 사소한 통화 팀은 일상적 대화만으로 치매를 조기 발견하면 사회적 가치 창출액만 2조 원에 달할 것으로 추산했다. 포스코의 최정우 회장이 직접 멘토링한 이 프로젝트는 치매 테스트 느낌을 지워내고 전문가 지원 서비스도 담았다. 국가 발전 프로젝트 공모전이 한 번 하고 마치는 사업이 아니라 지속할 수 있도록 적극적으로 돕겠다는 취지다. 대한상공회의소는 이와 관련해 아이디어가 상시로 생성 → 발전 → 사업화될 수 있는 아이디어 뱅크를 논의하고 있다.

왜 경진대회가 이렇게 힘을 발휘할까? 첫째는 소규모 조직의 힘이다. 소규모 열정이 있는 작은 조직이 언제나 큰 조직을 앞서 왔다. 소수의 사려 깊고 헌신적인 사람들에 의해 세상이 바뀌는 것이다. 둘째는 제약의 힘이다. 틀 밖에서 생각하지 않는 것이다. 좋은 틀이란 고속도로와 같다. 이런 경진대회를 잘 활용하기 위해서는 구도를 잘 짜야 한다. 경진대회의 성패는 바로 이 구도에 달려 있고 이는 바로 '선승구전先勝求戰'과 같다. 승리하는 군대는 먼저 승리를 만들어놓은 뒤 전쟁한다는 의미다. 경진대회 실행 전에 이미 성공의 성패가 결정된다는 것이다.

이 구도에 대해 여러 가지 고려가 필요한데 그중 세 가지만 강조하고자 한다. 첫째, 대회 규칙에 대해선 해결책이 아니라 문제를 적시하라. 둘째, 대회 목표는 성공 가능성과 대담함 사이의 적절한 균형을 잡아라. 셋째, 대회는 신뢰성을 가지고 시작하라. 즉 처음부터 대회가 진지하게 받아들여지도록 해서 '가능할까'가 아니라 '누가 우승할까'가 얘기되도록 해야 한다는 것이다

크라우드소싱 커뮤니티로 폭발적 성장을 할 수 있다

커뮤니티와 관련 가장 먼저 얘기하고 싶은 사례는 로컬모터스의 사례이다. 로컬모터스는 2007년 제프 존스Jeff Jones와 제이 로저스Jay Rogers가 피닉스에서 설립했다. 두 사람이 창업 후 1년 반 동안 한 일은 디자인 스쿨과 협회 등을 찾아다니면서 자신의 열정을 공유하고 전파하며 디자인 커뮤니티를 구성하는 일이었다. 두 사람은 이후 첫 번째 자동차의 디자인을 공모한다. 로컬모터스의 첫 작품 '랠리 파이터Local Motors Rally Fighter'는 100개 국이 넘는 서로 다른 국가 출신 2,900명의 커뮤니티 구성원이 내놓은 3만 5,000개의 디자인이 합쳐진 결과물이다. 이 과정에서 커뮤니티 구성원들은 디자인을 내지

않더라도 보팅Voting의 과정을 통해 아이디어 개선에 참여하고 협업했다.

랠리파이터 스케치에서 출시까지 약 18개월이 소요되었고 비용은 약 300만 달러 정도 들었다고 한다. 보통 GM 등 일반적 자동차 회사의 신차 출시보다 금액은 100배 저렴하면서도 기간은 5배 빠르게 출시하면서 신개념 제조업의 혁신을 보여주었다. 세계 최초 오픈 소스 자동차 기업 로컬모터스는 '일반인 커뮤니티'를 활용해 크라우드소싱으로 디자인을 수집했고 BMW 디젤 엔진을 쓰며 외관과 변속기 등은 대형 자동차 도소매 유통업체와 협업했다. 랠리파이터의 구매자가 되는 과정도 재미있다. 약 9만 9,000달러짜리 랠리파이터의 주인이 되려면 돈이 다가 아니다. 최소 2주 동안 금·토·일 사흘간 랠리파이터를 만드는 가까운 마이크로 팩토리에 가서 제작에 참여해야 한다. 현재 로컬모터스 커뮤니티는 4만 3,100명으로 구성돼 있다. 31개 프로젝트에 6,000개 디자인과 2,000개 아이디어를 가지고 함께 작업한다. 이렇게 나온 디자인은 오픈 소스 형태로 공개된다.

다음은 스타벅스의 커뮤니티 사례이다. 스타벅스는 2000년 하워드 슐츠Howard Schultz 회장의 퇴임 후 지나친 매장 확대에 따른 공급 과잉과 세계 금융위기 이후 던킨도너츠와 맥도널드 저가 커피에 따른 경쟁 가속화 등으로 매출이 급감하는 위기에 직면했다. 결국 2008년 1월 슐츠 회장이 경영에 복귀했다. 그는 "디지털 혁신을 통해 고객과의 정서적 교감에 불을 지피겠다."라고 공언하면서 '마이 스타벅스 아이디어'라는 공동 창조 고객 커뮤니티를 만들었다. 이 커뮤니티는 공유, 투표, 토론, 검토의 4단계로 구성돼 있다.

1단계인 공유 단계는 아이디어를 제품, 매장, 사회공헌 카테고리로 분류하고 자신의 아이디어를 올린다. 2단계인 투표 단계는 공유된 아이디어들에 대한 찬반 투표를 하는 것이다. 그럼으로써 자연스럽게 아이디어를 선별하는 과정을 거친다. 3단계는 토론 단계인데 다른 기업의 공동 창조 플랫폼과 다른 과정이다. 스타벅스는 좋은 아이디어를 뽑는 과정도 중요하지만 개별 아이디어를 놓고 고객들 간에 서로 이야기하는 소통 과정도 중요하다고 봤다. 이 토론 과정을 통해 고객들은 자신들의 아이디어가 채택되지 못하더라도 다른 고객들로부터 피드백을 받고 얘기를 들음으로써 자신들이 가치 있는 무엇인가를 했다는 느낌을 받을 수 있었다. 사실 제안된 아이디어들의 채택률은 1퍼센트 미만이다. 하지만 바로 이런 토론 과정을 거쳐 각자는 자신의 아이디어가 존중받고 있고 가치 있다는 생각을 가지게 된다. 또 이 토론 단계를 통해 단순히 회사와 고객의 관계가 아닌 고객과 고객의 관계로 발전함으로써 사이트가 단순히 공동 창조 사이트가 아닌 고객 커뮤니티 사이트로 발전하였다.

마지막 4단계인 검토 단계도 역시 고객의 아이디어를 스타벅스가 얼마나 진지하게 대하는지를 보여준다. 검토 단계에서는 선정된 아이디어들이 무엇이고 안타깝게 실현되지 못한 아이디어들이 무엇인지 구체적으로 설명한다. 이 사이트를 통해 연간 약 20만 개의 아이디어가 올라오고 그중 연간 약 70개의 아이디어가 구체적으로 실행된다. 대표적인 것이 커피 튀는 것을 방지하는 스플래시 스틱, 매장 내 와이파이 무료 사용 등의 아이디어다.

커뮤니티의 장점은 이들이 아이디어의 제안자이기도 하지만 그 아이디어의 지지자 역할도 한다는 점이다. 기하급수 기업들의 폭발적 성장 비결에는 바로 이 커뮤니티가 있다 보니 커뮤니티의 활용과 형성 방법에 관심이 쏠리고 있다.

커뮤니티 형성을 위한 첫 번째 단추는 공감을 일으킬 수 있는 선명한 목적의 설정이다. 최근 SNS상에서 화제가 된 일이 있었다. 민초단이라는 말을 들어봤는지? 민트 초코를 좋아하는 사람들의 모임의 줄임말이다. 민트 초코는 치약 맛이 난다고 해서 개인의 호불호가 많이 갈리는 음식이다. 예를 들어 방탄 소년단의 RM과 유재석은 비선호 연예인이고 가수 태연이나 아이유는 선호 연예인이라고 한다. 이런 논쟁들에 대해 과거에는 자신의 취향을 분명히 밝히는 것을 조심스러워했지만, MZ 세대 사이에서는 민트초코에 대한 개인의 기호를 밝히고 서로 논쟁하는 것이 하나의 밈으로 자리잡았다. 그정도로 MZ 세대는 분명한 목적을 선호한다. 동조자가 작을지는 염려하지 말라고 얘기하고 싶다. 초연결성 시대 어떤 취향도 충분히 많은 동조자를 구할 수 있다.

'민초단'과 같은 선명하고 동질감을 일으키는 목적이 필요하다. 기존 자동차 업체보다 100배 저렴하고 5배 빠른 시간으로 자동차를 만드는 로컬모터스를 가능하게 한 것은 '소노란 사막을 달리는 오프로드 차량 만들기'라는 목적의 커뮤니티에서 시작했다.

목적에 대해 너무 작은지나 동조자가 적을지는 염려하지 마라. 니치 법칙이라는 용어가 있다. '우리는 혼자가 아니다.'라는 아이디어다. 이것은 4차 산업혁명 시대이자 연결성 시대의 특징 중 하나다. 깊은 열정을 느끼는 것이 아무리 괴짜 같은 생각이라 해도 똑같은 열정을 느끼는 사람이 아주 많다는 얘기다. '오싫모'를 생각해보자. 그 커뮤니티 구성원들의 얘기를 들어보면 세상에 오이를 싫어하는 사람은 나밖에 없는 줄 알았다는 얘기가 많다.

커뮤니티 형성을 위한 두 번째 단추는 소수의 열정을 가진 핵심 인력이다. 커뮤니티를 만들다 보면 특히 초기에는 규모에 집착하게 된다. 그러나 초기에는 동질성, 소속감, 열정을 가진 소수의 핵심 인력이 훨씬 중요하다. 다수에게서 작은 가치를 얻지 말고 소수에게서 최대의 가치를 얻는 방식이다. 현재 미국 전역에 1만 5,000개 지부가 있는 셰릴 샌드버그Sheryl Sandberg가 만든 린인 서클이라는 것이 있다. 여성의 사회 진출을 돕기 위해 만든 커뮤니티이다. 여기에서 중요한 것은 소속감이다. 사람들은 공유하는 것이 많아 동질감이 충분할 때 비로소 소속감과 유대감을 느낀다.

세 번째는 목적에 부합하는 진정성 있는 콘텐츠의 지속 공급이다. 『빌보드』와 『타임』 등 외국에서 먼저 지속적으로 관심과 애정을 보이는 방탄소년단은 멤버 일곱 명이 한 계정을 사용하면서 지금까지 9,600개 트윗을 올렸다. 흙수저 아이돌이라고 불리는 방탄소년단의 풍부한 팬덤 형성의 요인으로 이 풍성한 떡밥을 꼽는다. 트윗이 하나 올라오면 10만~20만 개의 리트윗이 쌓인다. 데뷔 초기 BTS가 대표적 한류 스타 지드래곤보다 팔로어 수는 적지만 트윗과 리트윗 수는 더 많다고 한다. 연결성 시대의 핵심은 '공감이 가는 진정성 있는 이야기는 한계비용 제로'로 무한히 퍼져나간다는 것이다.

커뮤니티 만들기는 눈 굴리기와 같다. 처음에는 작은 눈 뭉치를 만든다. 그다음에는 아직은 떨어지기 때문에 손으로 꾹꾹 계속 눈을 붙여야 한다. 이게 어느 정도 단단해지고 커지면 이제 본격적으로 굴리기가 시작된다. 이제 눈 뭉치는 한 번 굴릴 때마다 기하급수적으로 커진다. 목적은 최초 눈 뭉치기에 해당하고 초기 소수의 열정적 핵심 인력은 손으로 꾹꾹 눌러준 눈 덩어리에 해당한다. 초기 인력은 어쩌면 이처럼 손으로 꾹꾹 눌러줘야 한다. 그다음에는 콘텐츠의 공급과 리트윗을 통한 눈 굴리기가 시작되는 것이다.

어떻게 매일 매일 새로워질 것인가를 고민하라

가수로서 최초로 노벨문학상을 받은 밥 딜런Bob Dylan은 "새로워지느라 바쁘지 않는다면 죽느라 바쁠 것이다."라고 노래했다. 4차 산업혁명 시대는 매일매일 새로워져야만 하는 시대이다. 어떻게 우리는 매일매일 새로워질 것인가? 2022년 7월 26일 기준 세계 인구는 79억 6,000만 명이다. 크라우드소싱은 이론적으로 우리가 매일매일 새로워질 수 있는 아주 좋은 방법이다.

크라우드소싱을 외국의 유니콘 기업들만 활용하는 것은 아니다. 우리나라도 이미 일상화되어 있었다. 2021년 12월 말 포항에 있는 수산물 밀키트 업체를 방문한 적이 있다. 이 업체는 여러 온라인 유통업체의 최저가 요구에 대응하기 위해 복수의 브랜드를 만들고 패키지 디자인을 다르게 하기로 했다. 그러려면 내부에 디자이너를 하나 고용하면 어떻겠느냐고 했다. 그랬더니 그 업체는 내부 디자이너를 고용하지 않고 라우드소싱이라는 디자이너 플랫폼을 활용한다고 했다.

알고 보니 라우드소싱은 넘버원 디자이너 소싱 플랫폼을 표방하는데 17만 명의 디자이너가 활동하고 있고 프로젝트를 올리면 7일 이내에 답을 받을 수 있다고 한다. 의뢰자는 프로젝트의 브리핑을 하고 그 브리핑에는 원하는 디자인의 스타일, 성격, 색상 등을 같이 적게 되어 있다. 한 호텔의 로고 디자인 결과를 보니 일주일 동안 48명의 디자이너가 참여했고 상금은 100만 원이었다. 기업 입장에서는 속도나 비용 만족도도 98.7퍼센트라고 하니 아까 그 포항 업체의 반응도 이해가 되었다. 포항의 작은 중소기업도 이미 외부 인적 자원을 활용하는 시대로 세상은 이미 바뀌어 있는 것이다.

파파존스 피자의 크라우드소싱 활용 사례도 유명하다. '직접 개발한 새로운 피자 레시피를 올리면 세 개를 골라 정식 메뉴로 등록하고 그중 가장 인기가 좋은 피자 개발자에게 1만 달러의 상금과 50년간 피자 시식권을 준다.'라는 캠페인이다. 이 크라우드소싱 캠페인에 무려 1만 2,000여 명이 응모했다. 그중 로스앤젤레스의 51세 여성 바바라 하이먼 Barbara Hyman 이 개발한 '치지 치킨 코돈 블루 Cheesy Chicken Cordon Bleu'에 그 영광이 돌아갔다. 그녀의 피자는 전체 판매량의 45퍼센트를 차지했다. 4차 산업혁명 시대이자 기하급수적 변화가 일상인 시대에 변화에 대응하는 길은 매일매일 새로워져야 한다. 우리 기업들은 어떻게 준비해야 할까?

첫째, 매일 매일 새로워지기 위해 로컬모터스처럼 크라우드소싱은 선택이 아니라 필수라는 생각을 가져야 한다. 둘째, 사내에 소싱 전문가를 양성할 필요가 있다. 스타벅스처럼 대상 프로젝트 및 소싱 플랫폼 선정, 아이디어 결정 및 보상 체계, 지식재산권 확보 방안 등 외부 크라우드소싱 플랫폼을 제대로 활용할 수 있는 내부 전문가를 양성할 필요가 있다. 셋째, 외부와 커뮤니티를 만들어 협업하거나 소싱 플랫폼을 활용할 수 있도록 현재 내부지향적인 기업 문화, 인사, 조직, 정보 보호 등의 제도를 외부 지향적으로 개선해야 한다.

매일매일 새로워져야 하는 이유는 결국 생존과 성장을 하기 위한 것이다. 하지만 지금껏 기업들이 달려온 목적과는 다르다. 단기적인 이익을 얻기 위해 원가를 절감하고 프로모션을 하는 것으로 얻는 게 전부가 아니다. 그보다 지속가능한 기업이자 창의와 혁신이 성장의 동력이 되는 기업이 되어야 한다. 바로 기하급수 기업이다.

4
추격자가 아니라 개척자가 되라

기하급수 기업의 조건은 세상을 바꾸겠다는 담대한 열망에 기반한 목적이고 그 목적을 달성하기에는 오늘날 어느 조직도 조직 내의 자원만 가지고는 할 수 없으니 외부 천재들의 도움과 외부 자원의 활용은 필수적이다. 만약 우리 조직의 문화가 폐쇄적이고 수직적이고 내부지향적이고 실패를 두려워한다면 조직 구성원 누구도 외부로 시선을 돌리고 과감히 외부와 협업하는 시도를 하지 못할 것이다. 물론 이런 조직문화에 가장 필수적인 것이 담대한 목표$_{MTP}$의 역할이다.

원래 마이크로소프트는 "모든 것은 우리 안에 있다."라는 자부심으로 내부지향적이고 뿌리 깊은 사일로 조직문화[15]에 기반하여 서로 비판하고 총질하는 문화가 있었다. 그러다 보니 조직은 서서히 시대에 뒤떨어지고 실적은 정체에 빠지게 되었다. 그러나 2014년 사티아 나델라Satya Narayana Nadella 의장의 취임 후에 '세상 모든 책상 위에 컴퓨터를 놓겠다.'라는 미션을 '세상 모든 조직과 개인이 좀 더 많은 것을 성취하도록 돕겠다.'라는 담대한 목표MTP로 바꾸자 마이크로소프트의 조직문화는 바뀌기 시작했다고 한다.[16] 목표를 거대하게 세우자 구성원들은 외부로 시선을 돌렸고 이루려는 것을 달성하기 위해 서로 협력하기 시작했고 다시 마이크로소프트는 위대한 기업 중 하나가 되었다.

기하급수 기업이 되기 위해 조직문화에 어떤 변화가 필요할까? 아니 더 정확하게는 예측도 통제도 불가능한 코로나19와 같은 기하급수적 변화가 일상인 시대 조직문화의 변화 방향은 무엇일까? 변화의 방향을 크게 보면 세 가지로 볼 수 있다. 일하는 주체, 방법, 태도가 바뀌어야 한다.

한 명의 인재가 아닌 어벤저스 팀을 만든다

첫째는 일의 주체에 대한 인식이 변해야 한다. 이제 일의 주체가 조직이 아닌 개인이라는 사실이다. 예전 일본에 단괴團塊 세대라는 말이 있었다. 일본의 베이비붐 세대를 말하는데 제2차 세계대전 직후 태어나 제조업 중심의 고도 성장기를 이끈 세대를 말한다. 일본어로는 단카이だんかい이다. 단괴는 퇴적암 속에서 어떤 특정 성분이 농축되고 응집되어 주위보다 단단해진 덩어리를 뜻한다. 말 그대로

단단하게 하나로 뭉쳐진 조직이 일사불란한 수직적 조직문화를 바탕으로 성과를 냈던 것이다. 전체 일을 단계로 나누고 단계마다 데드라인을 정하고 그 데드라인을 맞추기 위해 밤을 새우는 '돌격대 100일 작전'과 같은 방법이다. 실제로 한강의 기적과 중동의 수주가 그렇게 가능했다. 그러나 오늘날 중심 기업들은 제조업이 아니라 GAFA(구글, 애플, 페이스북, 아마존)와 BAT[17] 같은 기하급수 기업들이 시대를 이끌고 있다. 그들의 특징은 개인의 창의성에 기반한 개방성과 자율성이다. 단단한 덩어리와 같은 단괴에는 개방성과 자율성이 들어갈 틈이 없다. 특히 수직적 조직문화에서 개인의 창의성은 자랄 수 없다.

그럼 개인 중심의 조직 운영은 어떻게 해야 할까? 일반 제조업과 달리 콘텐츠 시장은 록스타 효과라고 부르는 것처럼 개인 간의 생산성 편차가 극과 극이라고 할 수 있다. 이 록스타들이 중심이 된 조직, 인재가 중심이 된 가장 대표적인 조직이 넷플릭스라고 할 수 있다. 넷플릭스 CEO 리드 헤이스팅스Wilmot Reed Hastings Jr.가 쓴 『규칙없음』이라는 책을 보면 3가지를 얘기하고 있다.

먼저 한 명의 인재로는 충분하지 않다는 것이다. 인재 밀도를 높여 인재들로 구성된 '어벤저스 팀'을 만들라는 것이다. "모든 직원이 뛰어나면 서로에게 배우고 서로가 의욕을 불어넣어 성과는 수직으로 성장한다."라는 것이다. 그다음은 선샤이닝 효과라고 부르는 솔직한 상호 피드백이다. 모든 정보를 햇빛 아래 양지로 가지고 나올 것을 강조한다. 경영진부터 임원과 주니어까지 모두 같은 선샤이닝 아래 있어야 한다고 한다. 정보가 공유된 상태에서 사람들은 자기에게 주어지는 피드백이 상대가 나를 이해한 상태에서 준 것으로 생각하고 합리적으로 수용할 수 있게 된다. 솔직한 피드백은 서로에게 우리가 한 팀이라는 것을 의미한다. 한 팀이기 때문에 서로 피드백해 줄 수 있기 때문이다. 마지막은 바로 '규칙없음'이다. 통제를 줄이라는 것이다. 통제로 사람을 조정하지 말고 맥락으로 사람을 이끌라고 얘기하고 있다. 그래서 넷플릭스에는 출장에도 비용과 일정 등 아무런 규정이 없다. 넷플릭스에 가장 이익이 되게 한다는 맥락에서 개인이 자유를 가지고 책임 있게 판단하라는 것이다. 규칙은 하늘로 솟구쳐 오르려는 독수리를 새장에 가두는 격이라고 말한다. 책임감 있는 사람은 자유 속에서 성장하고 자유를 누릴 가치가 있다. 이 시대 기업의 생존을 위협하는 가장 큰 위험은 무엇일까? 리드는 단언한다. 최고의 인재를 끌어들이지 못하고 새로운 제품을 내놓지 못하며 환경이 바뀔 때 신속하게 방향을 틀지 못하는 것이라고.

　사실 오늘날 기업이 직면한 가장 큰 위험은 인재를 채용하지 못하는 문제이다. 넷플릭스는 '규칙없음'의 조직문화를 통해 인재를 채용하고 유지한다. 이 말에 근거하지 않아도 조직문화와 인재 채용의 관계는 긴밀하다는 것을 다 알고 있다. 지방에 있는 많은 중소기업은 청년 인재를 구하기 어렵다고 한다. 중소기업을 방문할 때 가장 많이 듣는 이야기가 "사람이 없어 힘들다. 청년이 없다."이다. 그러나 다른 한편에서는 지난 10년간 경북에서는 매년 7,000명의 청년이 일자리를 찾아 다른 지역으로 떠났고 2020년에는 2만 명까지 늘어나기도 했다.

  이 미스 매치 해소의 실마리를 조직문화에서 발견할 수 있었다. 구미에 있는 한 3D 프린팅 제조 기업은 2014년에 창업해 직원 17명이다. 그중 16명이 청년인데 서울의 유명한 빅테크 기업에서 일하다가 내려온 청년도 있다고 한다. 이 업체가 그렇다고 돈을 많이 주는 것도 아니다. '삼성전자에서 오라고 해도 안 가는 지방 중소기업 여직원'의 사례로 유튜브에 소개된 이 기업의 비결을 보면 조직문화였다. 친구 같은 대표이사와 수평적 조직문화가 청년과 인재를 모으는 이유였다.

느린 성공이 아니라 빠른 실패를 지향한다

  둘째는 일을 하는 방법에 관한 생각이 변해야 한다. 기하급수적 변화는 1, 2, 4, 8, 16으로 1, 2, 3, 4, 5의 산술급수적 변화와 비슷하게 가지만 어느 순간에는 가속성이 존재한다. 예를 들어 11번째만 가면 산술급수와 100배의 차이로 커지는 것이다. 이 가속성으로 인해 기하급수적 변화는 통제하기 어렵다. 유일한 대응은 변화의 시작점에 올라타고 연결의 힘으로 가속성에 대응해야 한다.

  선점과 실험을 통해 느린 성공이 아니라 빠른 실패를 지향해야 한다. 오늘과 같은 기하급수적 변화로 인해 시장과 경쟁의 경계가 끊임없이 무너지는 시장에서 느린 성장은 더는 존재하지 않는다. 느린 성장은 느린 죽음의 다른 말이다. 과거 『포춘』 500대 기업이 시총 1조에 도달하는 시간이 20년이었다면 지금 스타트업들이 유니콘에 도달하는 기간은 2018년 기준 5.5년이었고 지금은 점점 더 빨라지고 있다. 애플이 기업가치 1조 달러를 만드는 데 42년이 걸렸지만 2조 달러까지는 단 5개월밖에 걸리지 않았다. 팬데믹은 10년 후의 미래를 1년 만에 현실로 가져다 놓았고 세상의 변화 속도는 10배 이상 빨라졌다. 빠른 실패의 대표적 방법론이 에릭 리스의 린 스타트업이다. 최소 기능 제품 MVP, Minimum Viable Product 즉 가장 빠르게 론칭하고 시장의 반응을 측정하고 데이터 기반 개선을 통해 지속가능한 제품을 출시하는 것이다.

『쫄지 말고 창업』의 저자 이희우에 따르면 자동차 수리 비교 견적 앱 카닥의 경우 복잡한 백엔드 기능은 일단 수작업으로 지원하는 걸로 하면서 하루 만에 첫 번째 최소 기능 제품을 강제로 출시했다. 이후 소비자 피드백을 모으고 이에 기반 최소 기능 제품 출시 2개월 후에 정식 앱을 출시했다고 한다.

아마존에는 행동편향 Bias for Action 이라는 원칙이 있다. 충분히 숙고한 후에도 결정하기 어려울 때는 가급적 행동을 하라고 권장하는 것이다. 아마존의 제프 베이조스 Jeff Bezos 회장은 직원들이 대담해지도록 격려하는 것이 자기의 역할 중 하나라고 얘기한 적이 있다. 그래서 아마존에는 '파이어 폰' 등 수많은 실패작이 있지만 그런 실패로부터 배우고 나아가고 있다. 빠른 실패를 통해 가장 빨리 성장하는 조직이 아마존이다.

조직의 시선을 내부가 아닌 외부로 돌려라

셋째는 일을 하는 태도가 변해야 한다. 태도에는 빠른 감지와 유연한 대응이 필요하다. 예측할 수 없는 변화에 대응하는 가장 좋은 길은 빨리 감지하는 것이다. 빨리 감지하기 위해서 우리 조직의 시선을 이제 내부가 아닌 외부로 돌려야 한다.

뉴 노멀New Normal은 미국의 벤처 투자가 로저 맥너미McNamee가 사용한 단어이다. 2008년 글로벌 금융 위기 이후 2012년까지 저성장, 저금리, 저물가가 지속되면서 예전에 비정상적으로 보였던 일들이 점차 아주 흔한 표준이 되어가는 현상을 일컫는다. 중국에서는 '신창타이新常態'라는 말로 사용되기도 한다. 코로나19 사태 발생 이후 우리 사회에 비대면·비접촉이 일상화된 점을 들어 뉴노멀 2.0 시대를 예측하는 사람들도 있다. 또 다른 사람들은 오늘의 시대를 뷰카VUCA의 시대라고 말을 한다. 변동성이 크고Volatile, 불확실하고Uncertain, 복잡하고Complex, 모호한Ambiguous 시대라는 말이다. 오늘 이 시대에 가장 필요한 일이 무엇일까? 예측도 통제도 가능하지 않은 변화가 앞으로는 일상적으로 일어날 수 있다는 인식이다. 어쩌면 이번 코로나19 사태가 이런 뷰카 시대의 특징을 잘 보여주었는지도 모르겠다.

내부로 향한다는 말은 예측 가능하고 통제 가능한 변화만 일어난다는 인식 위에서만 가능한 일이다. 일하면서 우리 시선은 바로 외부로 향해야 한다. 외부로 돌려진 단 하나의 시선만으로는 충분하지 않을 수 있다. 100개, 1,000개의 다른 시선이 필요하다. 감지 후에는 놀란 듯이 반응해야_Agile_ 한다. 변화를 통제할 수 있을 때는 상명하복_top down_처럼 일사불란한 폭포수_waterfall_ 접근 방식이 일 처리에 가장 효율적이었다. 이것과 반대의 접근 방법은 '대응'에 초점을 둔 애자일 방식이다. 애자일은 현장의 담당자가 변화를 유연하게 수용하며 끊임없이 반응하면서 앞으로 나가는 방식이다.

경북대학교 경영대학의 허문구 교수에 의하면 그동안 한국의 기업들은 외부 환경의 빠른 감지는 늦지만 변화된 환경에 빠른 실행 속도에 기반 빠른 추격자 전략에 의해 성공해왔다고 진단한다. 그러나 기술과 소비자의 변화를 읽고 새로운 기회를 창출할 수 있는 스마트폰 시장을 연 애플처럼 개척자로서 앞으로 나아가기 위해서는 환경에 대한 빠른 감지와 환경에 대한 유연한 대응이 요구된다고 한다.

5
플랫폼 기업으로 변신해야 한다

비즈니스 모델로서의 플랫폼에 대한 논의가 활발하다. 플랫폼 랩스의 상지트 폴 초더리Sangeet Paul Choudary 대표가 저서 『플랫폼 레볼루션』에서 "'소프트웨어가 세상을 집어삼키고 있다'라는 말은 '플랫폼이 세상을 집어삼키고 있다'로 바꿔야 한다."라고 선언한 후 세상은 정말 플랫폼 기업이 지배하는 듯하다.

플랫폼은 말 그대로 '장場'이라는 말이다. 이 '장'에 공급자와 수요자의 거래를 연결하고 중개해주면서 가치를 창출하는 것이 플랫폼 전략의 요체다. 가치 창출과 관련해 플랫폼 비즈니스의 핵심에는 네트워크 효과가 있다. 네트워크 효과는 같은 제품을 소비하는 사용자 수가 늘어나면 늘어날수록 그 제품을 소비함으로써 얻게 되는 효용이 더욱 증가하는 것을 말한다. 페이스북, 아마존, 구글, 알리바바부터 한국의 네이버와 카카오에 이르기까지 연결을 통해 한계비용 제로로 공유 자원을 활용할 수 있는 플랫폼 모델이야말로 연결성으로 대변되는 4차 산업혁명 시대의 비즈니스 모델이다. 앞에서 여러 번 이야기했지만, 에어비앤비와 우버가 단시간에 성장할 수 있던 비결은 바로 플랫폼 비즈니스 모델 때문이라는 얘기가 많다. 우버는 2년 만에, 에어비앤비는 3년 만에 시가총액 10억 달러 이상의 유니콘 기업이 됐다. 그들은 택시나 방을 단 하나도 가지고 있지 않지만 '연결'이라는 가치를 통해 성과를 달성했다.

비즈니스 모델은 원래 가치 제안, 운영 방식, 수익 모델로 구성된다. 가치 제안은 회사가 고객에게 전달하고자 하는 가치를 뜻한다. 운영 방식은 기업의 새로운 가치 제안이 고객에게 전달되기 위해 기업이 갖춰야 할 인프라와 프로세스를 통칭한다. 어떤 자산을 활용하고 누구와 연합하며 어떤 채널을 활용할 것인지 등이 주요한 운영 방식에 포함된다. 마지막으로 중요한 부분은 수익 모델이다. 비즈니스 모델을 설계할 때 어떻게 수익을 발생시킬 것인지 고민하고 모델을 설계해야 한다. 다양한 수익 모델을 적절히 배합해 수익을 극대화하는 것이 중요하다.

이런 비즈니스 모델의 구성 요소를 플랫폼 비즈니스 모델에 적용해 보면 플랫폼 비즈니스 모델의 가치는 기본적으로 연결의 가치다. 우버는 놀고 있는 차와 차가 필요한 사람을 연결하고 에어비앤비는 비어 있는 방과 사람을 연결한다. 양방향으로 존재하는 소비자와 생산자의 연결이 바로 그들의 가치다. 데이터에 기반한 알고리즘을 통해 자동으로 연결하면서 네트워크 효과를 통해 이 연결의 가치를 극대화하는 것이다.

기존 기업도 플랫폼 기업으로 전환해야 한다

미국 실리콘밸리에서는 기존 비즈니스 모델이 붕괴됐을 때 '아마존드$_{Amazonned}$' '넷플릭스트$_{Netflixed}$'라고 표현한다. 아마존과 넷플릭스의 새로운 비즈니스 모델이 나온 뒤 미국 전역에서 기존 기업들이 파산한 데서 기인한다. 그중 넷플릭스는 1997년 설립됐다. 처음에는 온라인 주문 방식의 DVD 대여업으로 시작했지만 2007년부터 스트리밍 서비스에 올인했다. 그 결과 영화 대여업 시장의 절대 강자인 블록버스터를 파산시켰다.

넷플릭스는 2021년 4분기 기준 2억 2,180만 명의 구독자를 보유하고 있고 미국 기준 5,415개의 콘텐츠 타이틀을 보유하고 있다. 구독자들은 하루 평균 3.2시간 동안 넷플릭스 플랫폼에서 다양한 콘텐츠를 시청하고 있다. 한국에서도 넷플릭스의 가입자가 지난 2년 동안 9~10배나 급증한 것으로 나타났다. 유료 가입자 수는 2022년 1월 기준 500만 명이라고 한다. 넷플릭스는 한 개 계정에서 최대 4명까지 사용할 수 있다고 보면 실제 사용자 수는 2,000만 명 이상일 가능성이 크다. 한국도 넷플릭스만 남기고 다른 방송은 모두 끊는 코드 커팅 현상도 곧 일어날 가능성도 있다.

넷플릭스의 비즈니스를 플랫폼 관점에서 보면 대략 월 11달러 정도를 낸 고객에게 영화와 드라마 등 콘텐츠를 매칭하는 서비스다. 한쪽 끝에는 다양한 콘텐츠 생산 기업이 있고 다른 쪽 끝에는 고객이 있다. 넷플릭스는 이들 사이를 비디오 스트리밍으로 연결해 콘텐츠를 제공한다. 콘텐츠는 디지털 콘텐츠인 만큼 무한 복제될 수 있다. 이때 넷플릭스가 소비자에게 제공하는 가치는 기본적으로 연결의 가치이다. 여기에 앞서 말한 넷플릭스만의 데이터에 기반한 알고리즘으로 운영되는 시네매치가 있는 것이다. 이는 넷플릭스만의 차별화한 핵심 가치로 사용자가 원하는 것을 보여주는 것으로 유명하다. 넷플릭스 플랫폼에서 연결의 가치는 자기보다 더 자신을 잘 아는 최적화한 연결의 가치다. 이는 더 많은 고객이 참여하면 참여할수록 더 정확한 추천이 가능하다는 측면에서 네트워크 효과를 가진다.

넷플릭스는 '21세기 원유'로 불리는 데이터를 분석해 실제로 이익을 내는 기업의 대표적 사례로 꼽힌다. 이 자동 추천 시스템과 관련해 경진대회를 개최했다는 것은 앞에서 언급한 바 있다. 최근 넷플릭스는 이런 플랫폼에 더해 오리지널 콘텐츠를 새로운 가치로 추가했다. 아마존 등 플랫폼끼리의 경쟁이 격화하면서 콘텐츠를 통한 플랫폼의 차별성을 강화하려는 것이다.

많은 경우 플랫폼 얘기를 하면 그것은 네이버, 아마존, 구글, 우버와 같은 기업들이나 가능한 일이라고 치부하는 경우가 많다. 그렇지 않다. LG경제연구원 황혜정 연구원은 「탈규모 시대의 제조업, '플랫폼 비즈니스'로 도약한다」라는 리포트에서 이제는 기존 제조업들도 플랫폼 비즈니스로의 전환을 고민해야 한다며 다음과 같이 말했다.

"디지털 기술이 제품의 핵심적인 부분으로 자리매김함으로써 제품의 확장된 기능과 제품에서 생성되는 정보가 새로운 경쟁의 시대를 이끄는 원동력이 되고 있다. 제조와 판매만으로 가치를 창출한다는 생각은 이제 더 이상 유효하지 않게 됐다. 데이터에 기반 모든 기업이 네트워크 효과가 있는 개방형 양면 시장의 구성을 통해 플랫폼 기업으로의 변신을 지향해야 하고 일회성 판매를 넘어 솔루션 제공을 통한 장기적 관계를 모색해야 한다."

플랫폼 성패의 관건은 네트워크 효과를 일으킬 수 있는 개방형 상호작용의 디자인에 있다. 예를 들어 한 도시에 우버 사용자가 늘어나면 드라이버가 더욱 늘어나고 그 결과 탑승객들의 대기 시간이 더 줄어들어 더 많은 승객이 우버를 이용하게 되는 것이다. 페이스북도 친구가 늘면 늘수록 사용자들의 만족도가 더 늘어난다. 그래서 페이스북은 초기에 친구가 10명 이상이 되면 활동적인 사용자가 된다는 것을 발견하고 '알 수도 있는 사람People you may know'을 추천하기 시작했고 이 작은 변화가 페이스북의 성장에 큰 영향을 미쳤다.

플랫폼은 네트워크 효과를 지렛대 삼아 개방형 생태계를 구축한다. 그러다 보니 내부 자원을 기반으로 하는 전통적 파이프 라인 기업들은 플랫폼을 기반으로 하는 기하급수 기업들과의 경쟁에서 지게 된다.

제조 기업 GE는 어떻게 플랫폼 기업이 됐는가

GE의 제프리 이멜트Jeffrey Immelt 전 회장은 2015년 GE의 비전을 세계 10대 소프트웨어 기업 등극이라고 천명했다. 지금까지의 GE는 제조 기업이었지만 앞으로의 미래는 데이터 분석에 달려 있다고 선언했다. GE는 항공기 엔진, 발전기 터빈 등에 센서를 달아 판다. 예컨대 항공기 엔진 한 개에 250개의 센서가 달린다. 여기서 데이터를 수집해 실시간으로 고장 여부를 파악한다. 예를 들어 GE는 에미레이트 항공의 보잉 777 항공기 160대에 수천 개의 센서를 설치했다. 센서는 온도나 진동과 같은 운전 변수에서부터 비행시간 및 속도에 이르기까지 모든 데이터를 수집한다.

GE의 소프트웨어 기업 변신은 각 항공사에도 이익을 안겨다 주었다. 에미레이트 항공은 계획되지 않은 유지 보수를 50퍼센트나 줄였고 ABM 소프트웨어 덕분에 엔진의 '온 윙 타임'을 20퍼센트나 늘렸다. GE가 판매한 항공기 엔진 중 60~70퍼센트는 고장 나기 전에 원격 수리를 받아 유지 보수비용을 획기적으로 줄일 수 있다. 거대한 항공 산업에서 이런 식으로 생산성을 1퍼센트만 높여도 약 10조 원의 비용을 절감할 수 있다. GE는 기존 판매 제품인 항공기 엔진에 수백 개의 사물인터넷 센서를 장착하고 고객사 사이트에서 발생하는 모든 정보를 산업 인터넷으로 불리는 프레딕스Predix에 축적한 뒤 실시간 분석 처리해 고객사에 제공한다.

구글은 안드로이드 API를 개방해 다수의 앱 개발사가 참여하도록 앱 생태계를 만들었다. GE도 프레딕스 API를 개방해 전 세계 기계 설비와 장치 운영 기업과 새로운 소프트웨어를 제공하고자 하는 다양한 중소기업을 프레딕스 생태계 안으로 끌어들이고 있다. 구글의 역할을 GE가 하는 셈이다. 결과적으로 GE는 제품 생산 판매의 전통적 비즈니스 방식을 프레딕스라는 새로운 산업 인터넷을 도입해 서비스업으로 업의 형태를 바꾸고 있다. 이 과정에서 고객에게는 단순 제품 구매에 더해 제품의 유지 관리 및 미래 시점의 고장 방지 이상의 가치를 주고 있는 셈이다.

GE라는 거대 제조 기업의 변신 시도는 세상의 많은 주목을 받았다. 하지만 1907년 이후 111년 동안 유일하게 다우를 지킨 기업이던 GE는 2018년 6월 19일 미국을 대표하는 30개 우량 종목으로 구성된 다우존스 산업평균지수에서 퇴출됐다. 제프리 이멜트 회장은 물러나고 GE의 변신은 실패했다는 평가를 받고 있다. LG경제연구원의 황혜정 연구원은 앞에서 말한 리포트에서 "플랫폼 비즈니스는 양면 시장이 형성되는 데 오랜 시간이 걸리고 시장이 형성되더라도 네트워크 효과가 발생하기까지 기나긴 기다림이 필요하다. 플랫폼 비즈니스의 원리를 간과하고 출시된 지 3년 만에 매출을 따진 기존 관행으로 플랫폼 비즈니스 전환 계획이 제대로 이행되지 않았다. 거대 제조 기업의 플랫폼 시도 실패에서 얻을 수 있는 교훈"이라고 전했다.

농기계 기업 존디어는 어떻게 플랫폼 기업이 됐는가

최근 몇 년간 CES에서 가장 성공적인 디지털 전환의 사례로 소개되는 존디어는 1837년에 만들어진 우리의 대동기계와 같은 트랙터 등 농기계 판매 회사이다. 존디어는 농부들은 농기계를 매년 사지 않지만, 농업에 활용할 데이터는 매년 매 순간 필요하다는 것을 알고 단순히 농기계를 파는 것이 아니라 '농업 솔루션'을 제공하기로 했다. 이 회사는 2010년부터 전통적인 파이프라인 기업에서 플랫폼 기업으로 변신을 추진한다. 그리고 2012년 클라우드 컴퓨팅 기반의 통합화된 농업 플랫폼 마이존디어MyJohnDeere를 구축했다.

자사 제품 라인을 비롯해 유통업자와 사용자의 디바이스가 통합화된 플랫폼에서 고객들은 농기계 사용에 관한 가이드를 받는 것은 물론 농업 생산성을 체계적으로 관리할 수도 있다. 예를 들면 수천 개의 농장에서 온 데이터를 분석함으로써 최적의 수확량을 얻기 위해 어떻게 운영하는 것이 가장 효율적인지를 제안한다. 기계가 언제 어디서 멈출지를 예측해 다운타임downtime을 최소화하는 데도 활용한다. 팜사이트farmsight 서비스는 농장에서 수집된 데이터를 분석해 어떤 작물을 언제 어디에 심는 것이 좋을지 농부가 주도적으로 결정할 수 있도록 지원한다.

고객들은 농기계에 부착된 센서에 많은 정보가 모일수록 자신에게 이롭다는 것을 알기에 적극적으로 데이터를 남기고 도움을 얻으며 존디어와 긴밀한 관계를 맺게 된다. 존디어의 통합 플랫폼에서 생성되는 데이터는 외부 업체와 공유돼 새로운 앱을 개발하는 밑거름이 된다. 예를 들어 농업 관련 비즈니스를 원하는 제3의 업체가 관련 서비스를 제공할 수 있도록 자사가 보유한 데이터를 공개했다. 농업 관련 기후와 날씨 정보 제공 기업은 이 플랫폼에 자사 소프트웨어를 연결해 서비스를 제공할 수 있다. 이렇게 만들어진 데이터와 앱은 다시 다양한 생산 및 유통업체들과 공유되며 마이존디어가 형성한 농업 생태계의 일부를 이룬다.

특기할 점은 존디어가 플랫폼 기업으로 변신하는 과정을 내부 자원에 의존하지 않고 적극적으로 외부의 스타트업들을 활용했다는 점이다. 1999년에 전 지구 위치추적시스템GPS 기술업체 나브콤 테크놀러지NavCom Technology 인수 이후 무인 트랙터를 개발, IT 기업으로 변신을 시도했고, 2015년에는 클라우드 기반 소프트웨어 업체 DN2K를 인수했다. 또 2017년에는 토양의 모습을 머신러닝으로 분석하는 인공지능 스타트업인 블루 리버 테크놀로지Blue River Technology를 인수해서 존디어의 변신에 활용했다.

스타트업이나 플랫폼 기업들은 모든 역량을 내부에서 충원하려 하지 않는다. 내부 자원보다 더 뛰어난 자원이 외부에 있다면 과감히 손을 잡으려 한다. 이스라엘의 실질적 수도인 텔아비브에 전 세계 시총 상위 기업들의 연구개발 센터가 있다. 이 센터의 역할이 연구개발이 아니라 이스라엘 스타트업들의 인수합병이라는 것은 널리 알려진 사실이다. 내부 연구개발로는 변화의 속도를 따라잡기 어렵기 때문에 인수합병을 적극적으로 활용하는 것이다.

제조 기반 B2C 기업에서 플랫폼 기업으로의 변신에 애플을 언급하지 않을 수 없다. 애플은 처음 PC 제조업으로 시작했지만 MP3를 만들 때 아이튠즈라는 앱 시장을 만들어 플랫폼을 통해 '기기+콘텐츠 생태계'를 만들었다. 음반사 등 다양한 플레이어를 시장에 참여시키면서 소비자를 가두고 새로운 수익 모델을 창출했다. 애플은 2007년 스마트폰을 론칭할 때 '앱 플랫폼'을 만들어 터치 기반의 혁신 제품을 구축하고 휴대전화 시장의 패러다임을 바꾸는 등 시가총액 세계 1위 기업으로 우뚝 섰다. 사실 애플이야말로 누구보다 빠르게 플랫폼의 가치를 인식하고 제조업에서 플랫폼 기업으로 변신한 기업이다.

샤오미는 어떻게 플랫폼 생태계를 구축했는가

샤오미는 지난 2021년 1분기 때 사상 최대 실적을 기록했다. 샤오미는 1분기 실적으로 매출 769억 위안(약 13조 4,652억 원), 조정 순이익 61억 위안(약 1조 681억 원)을 기록했다. 매출과 조정 순이익은 전년 동기 대비 각각 54.7퍼센트, 163.8퍼센트 증가했다. 샤오미는 "스마트폰 출하량이 크게 늘면서 글로벌 사용자층이 지속해서 확대하는 계기가 됐으며 인공지능 사물인터넷 플랫폼 또한 전 세계적으로 확장되고 있다."라고 설명했다.

한때 대륙의 실수에서 실망으로, 그러다가 부활로 불리는 등 롤러

코스터를 타던 샤오미는 이제 세계 스마트폰 시장에 우뚝 섰다. 이러한 우여곡절을 겪은 샤오미를 어떻게 이해해야 할까? 샤오미를 제대로 이해하기 위해서는 처음부터 지금까지를 플랫폼 제국의 확장을 위한 미유아이 '인터페이스' 확산의 관점에서 봐야 한다. 원래 인터페이스는 운영체제라는 말처럼 소비자와 제품, 서비스 간 매개체, 프로토콜을 의미한다. 애플의 iOS나 구글의 안드로이드 운영체제가 그렇다. 그러나 살림 이스마일Salim Ismail 등은 『기하급수 시대가 온다』에서 인터페이스를 기하급수 기업들이 외부의 자원을 내부와 연결할 때 사용하는 필터링 또는 매칭 프로세스라고 정의한다. 샤오미는 인터페이스 미유아이를 처음부터 이 두 가지 관점에서 만들고 활용했다. 샤오미의 미MI는 모바일 인터넷Mobile Internet의 약자이기도 하고 미션 임파서블Mission Impossible의 약자이기도 하다.

  샤오미의 CEO인 레이 쥔은 "태풍의 길목에 서면 돼지도 날 수 있다."라는 유명한 말을 했다. 그 스스로도 인터넷 플랫폼이라는 태풍의 길목에 서기 위해 샤오미를 시작했다고 얘기한다. 처음부터 샤오미는 구글과 같은 회사를 목표로 했고 인터넷 플랫폼에 진입하는 기기로 모바일 폰이 가장 많이 사용되니 첫 번째 제품으로 모바일을 선택한 것이다. 미유아이는 소프트웨어 플랫폼이자 고객 참여의 장이다. 100명의 슈퍼 유저에서 시작하여 현재 약 1,000만 명이 넘는 고객이 온라인상에서 약 1억 개의 글을 남긴다. 이들은 고객인 동시에 마케터 역할을 하고 있다. 그것이 샤오미가 가성비를 유지할 수 있는 비결이다.

이제 미유아이는 사물인터넷 생태계의 하드웨어 플랫폼으로 발전하고 있다. 최근 레이쥔은 샤오미가 세계 최대 "스마트폰×지능형 사물인터넷AIoT 플랫폼을 구축했다."라고 얘기했다. 2015년부터 100개의 스타트업에 약 1조 6,429억 원을 투자했고 그 결과 공기청정기, 정수기, 로봇청소기, 자전거 등 수백 개의 스마트 제품을 샤오미의 미유아이 기반으로 연결했다. 2021년 3월 31일 기준 샤오미 지능형 사물인터넷 플랫폼에 연결된 사물인터넷 기기(스마트폰과 노트북 제외)는 3억 5,110만 대에 이르러 세계 최대 소비자 사물인터넷 플랫폼을 구축한 상태다.

샤오미는 미유아이 인터페이스를 통해 소비자 참여의 소프트웨어 플랫폼을 구축해 열성적 소비자층을 만들고 이들을 기반으로 인터페이스에 익숙하게 한 뒤 사물인터넷을 기반으로 하는 하드웨어 플랫폼을 구축했다. 이 모든 것은 인터넷 플랫폼 기업이라는 큰 목표를 달성하기 위한 전략이다. 이렇게 큰 꿈을 가지고 그 꿈을 위한 일관된 전략을 펼치는 회사가 있었던가?

스타벅스는 어떻게 플랫폼 기업이 됐는가

철저히 오프라인을 기반으로 한 전통 식료품 산업에서 가장 성공적으로 디지털 전환을 통해 플랫폼으로 발전하는 기업으로 많은 사람이 스타벅스를 언급한다 '오픈런'(매장 개점에 앞서 빠른 입장 순번을 받기 위해 대기하는 현상) 대란을 일으키는 자체 MD 상품을 출시하고 스타벅스 앱을 통해 판매하는 스타벅스는 이미 이커머스 회사의 경쟁 상대로 올라선 지 오래다. 얼마 전에는 스타벅스 앱을 통해 MD 상품을 구매하고 선물하면 배송까지 해주는 '배송하기' 서비스도 시작했다. 충전하는 '사이렌 오더' 앱의 경우 일부 핀테크 업체와 견줄 만한 수준으로 선불 충전금을 확대했다. 스타벅스의 2020년 선불 충전금 규모는 1,801억 원으로, 토스(1,214억 원)와 네이버 파이낸셜(689억 원)보다 많을 정도로 금융 시장에서도 영향력을 확대하고 있다. 커피 브랜드 최강자 스타벅스가 넓은 고객망을 바탕으로 커머스와 금융을 아우르는 종합 플랫폼으로 진화하고 있다는 평가이다.

스타벅스의 부활을 이끈 하워드 슐츠 회장은 어떻게 회사의 디지털 전환을 이루어냈을까? 그가 조직 전체에 공감을 불러일으킨 방법을 누가Who, 언제When, 어디서Where, 무엇을What, 어떻게How, 왜Why 육하원칙의 구조에서 보고자 한다.

먼저 '누가'를 살펴보자. 하워드 슐츠는 경영일선에서 물러났다가 다시 복귀한 뒤 한 달 만에 리더십 콘퍼런스를 열었다. 그는 1만 명의 매장 책임자를 모아 스타벅스의 위기와 가치의 재점화가 필요하다고 역설하면서 매장관리자들의 리더 역할이 필요하다고 요청했다. 스타벅스의 사례처럼 디지털 전환이 톱 매니지먼트나 IT 부서 아니면 조직 내 파일럿 부서의 일이 돼서는 안 된다. 디지털 전환의 목적이 고객 경험 개선이라면 고객과 매일 만나는 사람들을 그 변화의 주체에 서도록 해야 하고, 그들의 공감을 끌어내는 것이 첫 번째 단

추가 돼야 한다.

다음은 '언제'이다. "디지털 전환을 언제 해야 하는가?"라고 묻는다면 '즉각적으로'라고 답하고 싶다. 2008년 1월 7일 월요일 아침 9시 5분 복귀 발표 이후 하워드 슐츠는 스타벅스 최고위 임원들에게 48시간 동안의 행동 계획을 각각 전달했다. 또한 직원 한 명 한 명과 직접 소통에 나섰다. 자기 앞으로 직접 이메일을 쓰도록 하라는 지시를 내렸고 복귀 직후 1달 동안 직원들에게 받은 이메일은 5,600통에 달했다. 슐츠 회장은 가능한 한 직접 답장했을 뿐만 아니라 시간이 없을 때는 해당 직원에게 전화를 걸어 통화했다. 그는 하겠다고 결정하자 바로 즉각적으로 행동했다.

'어디서'는 공감대 형성과 관련이 있다. 공감대 형성은 어디서부터 시작돼야 하는가? 스타벅스의 위기는 그 무엇보다 매장 방문 고객 수, 매출의 정체, 역성장에서 비롯됐다. 공감대 형성의 시작도 바로 매장에서 시작돼야 한다. 그래서 슐츠 회장은 복귀하고 한 달 뒤인 2월에 미국 전역 7,100개 매장의 문을 닫고 13만 5,000명의 바리스타들에게 스타벅스 경험에 대해 다시 교육시켰다고 한다. 그는 교육을 통해 디지털 전환을 통한 고객과의 정서적 유대감 강화를 요구했다.

'무엇'은 당장 해야 할 일의 우선순위를 정하는 것이다. 무엇을 해야 하는지 우선순위를 분명하게 할 필요가 있다. 디지털 전환 시 우선순위 없이 많은 일을 동시에 추진하면서 조직을 혼란에 빠뜨리거나 방향 사이에서 조직을 멈추게 하는 경우를 많이 본다. 하워드 슐츠는 CEO로 복귀하면서 스타벅스 개혁을 위한 세 가지 전략을 발표한다. 첫째는 미국 내 스타벅스 사업 운영 상태 개선, 둘째는 고객과의 정서적 유대감 강화, 셋째는 경영 기초의 장기적 변화였다. 특히 그는 모든 과정에 기술 혁신을 적용하기 위해 실리콘밸리 IT 기업들과 제휴해 전면적인 디지털 전환을 단행했다. 스타벅스 전체 운영관리를 총괄하는 최고운영책임자COO, 고객 경험과 디지털마케팅을 총괄하는 최고디지털책임자CDO, 신기술 도입과 인프라 구축을 총괄하는 최고기술책임자CTO 등 3개 조직과 책임자를 중심으로 디지털 전환을 추진했다. 그리고 고객 데이터에 기반한 주문, 결제, 리워드, 개인화의 디지털 플라이휠Digital Flywheel을 만들었다. 그리고 스타벅스 앱 출시와 모바일 결제, 로열티 카드, 매장 내 무료 와이파이 설치 등 디지털 전환을 가속했다.

'어떻게'는 디지털 전환 추진을 할 때 반드시 이루어져야 하는 공감대 형성과 관련이 있다. '어떻게'로는 위기감, 진정성, 진창으로라는 세 가지를 말하고 싶다. 위기감과 진정성은 미국 전역 매장의 하루 휴업을 결정하고 조직 내 모든 구성원과 솔직하게 소통한 그의 태도로 알 수 있다. '진창으로'는 큰 방향의 지시만으로는 디지털 전환과 같은 일이 마법처럼 일어나지 않는다는 사실이다. 조직의 리더가 세세한 일까지 일상처럼 챙겨야 한다는 사실이다. 하워드 슐츠는 그때 호소했다.

"진창에 두 손을 담급시다Get in the mud."

마지막으로 '왜'가 있다. 이 '왜'로 인해 공감대 형성에 실패하는 경우가 많다. 논리적으로 조직의 입장에서는 다 이해하지만, 왜 내가 디지털 전환을 해야 하는지에 대해 설득이 안 되는 경우가 많다. 시작 전 또는 초기에 조직의 성공과 나의 성장이 어떻게 연관되는지 설득하고 더 나아가 제도의 정비도 필요하다. 스타벅스는 일찍 1991년 매장의 파트타임까지 스톡옵션을 주기로 한 빈스탁Bean Stock 제도를 도입했다. 이를 통해 회사의 위기가 나의 위기가 되고 회사의 디지털 전환에 나의 참여가 필수인 조건을 만들었다.*

스타벅스는 이렇게 디지털 전환을 적극적으로 추진한 덕분에 2008년의 위기를 극복하고 2010년에는 창업 40년 만에 최고의 재무 실적을 달성하였다. 그리고 2010년의 107억 달러 매출에서 2019년 265억 달러까지 2.5배 지속 성장하게 된다. 디지털 전환은 기사회생의 티핑 포인트였고 그 배경에는 슐츠의 단호한 리더십이 자리잡고 있다.

---

* 참고로 첫 빈스탁은 주당 6달러에 분배됐고 1992년 6월부터 2018년 11월까지 주주 수익률은 2만 1,826퍼센트였다.

4장 로컬 생태계

: 어떻게 로컬 크리에이터 생태계를 만들 것인가

1
탈물질주의 라이프 스타일이 온다

 코로나19 확산으로 중국의 주요 도시가 봉쇄되면서 러시아산 반값 대게가 대형마트를 중심으로 쏟아진 적이 있다. 그때 상당수 소비자가 대게 파티를 즐겼지만 2030 MZ세대를 중심으로 대게 소비는 러시아에 우크라이나 전쟁 자금을 대는 것과 같다며 불매 운동이 벌어졌다. 소비 행위를 통해 정치적·사회적 신념을 적극적으로 표현하는 '미닝아웃meaningout', 나를 위한 가치 있는 소비를 의미하는 '미코노미meconomy'이다. 미닝아웃은 이미 『2018 트렌드 코리아』에 소개된 트렌드이다. 우리 청년들은 진즉에 탈물질주의적 라이프스타일을 살고 있는데 우리가 이런 변화를 알아차리지 못한 것은 아닐까? '내가 그의 이름을 불러주었을 때 그는 나에게로 와서 꽃이 된 것'처럼 이제 그런 라이프스타일과 삶에 이름을 붙이고 청년들의 대안이

자 당당한 선택으로 자리잡을 수 있도록 만들어야 한다.

얼마 전 문경 산양면의 베이커리 카페를 방문했다. 이곳은 산양 양조장이라는 산업 유산을 재해석해 베이커리 카페로 운영하는데 많은 젊은이가 북적거렸다. 원래 이 양조장은 화수헌을 운영하던 청년들이 오픈한 곳이다. 그들은 단디랩이라는 영양의 청년들과 함께 작년에는 한옥 카페 연당림을 같이 열어 운영하고 있다. 화수헌은 산양면의 230년 된 고택을 부산에서 온 청년들이 빌려 나만의 감각으로 공간을 꾸미고 인스타그램과 페이스북 등 디지털로 소통하다. 이를 통해 연 8만 명이 방문하는 핫플레이스가 된 한옥 카페 겸 게스트 하우스이다. 우리는 이런 청년들을 로컬 크리에이터라고 부른다. 지역의 버려지거나 잊혔던 자원에 본인들만의 창의성을 더해 다시 반짝반짝 빛나게 함으로써 지역에 선한 영향력을 만드는 사람들이 그들이다.

세상은 이미 비교의 다름도, 줄 세우기의 나음도 아닌 '다움'의 시대다. 로컬 크리에이터들은 타인의 가치관과 시선에서 자유롭다. 그들은 라이프스타일의 다양성을 통해 지방에 문화를 만들고 지역에 활력을 불러일으키고 있다. 자신의 인생을 추앙하는 나만의 해방일지를 그들이 쓸 수 있도록 만들어야 한다.

도시 청년이 로컬에서 불꽃이 될 수 있다

도시 청년 시골 파견제는 경상북도에서 2018년에 시작된 청년 창업을 통한 지역 활성화 사업 중 하나이다. 경북으로 유입된 청년들의 90퍼센트 이상이 사업 종료 후에도 남아 있는 높은 안착률, 조용한 산골 마을로 연인원 8만 명의 방문객을 끌어들이는 화수헌 등의 성공 사례, 시골로 내려온 청년들이 다시 지역에 있던 청년들과 힘을 합쳐 만든 문경의 달빛 탐사대나 상주의 이인삼각처럼 지역에 선한 영향력을 만든 성과 등으로 인해 지자체의 지역 활성화 사업 중 대표적인 사례로 많이 언급되고 있다.

원래 이 사업은 청년인구의 수도권 집중화가 가속화되면서 경상북도 내 23개 시·군 중 19개 시·군이 소멸한다는 위기 진단을 받은 경상북도가 일본의 '지역협력대' 사례를 참조하여 경북형 일자리 만들기로 추진하게 된 사업이다. 이 사업은 도시 지역에서 경북으로 주소지를 옮겨 창업과 창작 활동을 하는 만 15~39세 청년에게 창업 지원금과 별도의 교육 및 컨설팅을 통해 지역자원을 활용한 청년 창업을 3,000만 원까지 지원함으로써 청년들이 지역에 정착하도록 유도한다. 무엇보다 도시로 떠난 청년들이 다시 지역으로 돌아올 수 있도록 지역 기반을 마련하는 것을 목적으로 하고 그럼으로써 마을 공동체의 복원뿐만 아니라 지역경제 활성화를 통해 지역의 전반적 활력을 제고하고자 기획되었다.

이 사업에서 우리는 도시의 청년들이 가지고 있는 경쟁력에 주목했다. 경쟁적인 환경에서 길러진 역량과 치열한 아이디어의 전장에 익숙한 그들의 발상이 로컬에서의 불꽃이 될 수 있기를 기대했다. 이를 위해 '청년의 생활'이라는 실질적인 부분도 고려했다. 창업자금이란 점포를 얻거나 관련 기자재와 원자재만 산다고 해서 되는 일이 아니다. 청년이 먹고 자고 생활하고 기름값 걱정 없이 편안히 이동할 수 있어야 한다. 그래서 우리는 창업 지원금의 개념을 확대해 그들이 정착할 수 있는 자금까지 포괄하도록 집행 계획을 짰다.

  또 하나 중요하게 생각했던 것은 설사 그들이 2년간 창업 지원을 받은 후 지역을 떠난다고 하더라도 남을 수 있는 '그 무엇'이었다. 그것은 바로 로컬에 있는 사람들에게 남아 있는 '협업의 경험'이었다. 도시의 청년들이 전개했던 사업의 방식, 열정, 새로운 아이디어를 로컬의 청년들이 그대로 흡수하고 그것을 새로운 동력으로 삼을 수 있기를 바랐다. 합격자를 뽑을 때 지역과의 협업, 컬래버를 심사의 중요한 기준으로 삼았던 것도 이런 이유였다. 애초에 청년들이 2년의 사업을 하고 지역을 떠난다고 하더라도 결코 실패로 여기지 않는다. 그리고 우리는 이 사업이 청년들에게 부담을 주기를 원하지 않았다. 여기에서 창업 지원금을 받았으니 "너는 반드시 지방에 정착해야 해."라는 강제로 작용하여 부담을 주는 것을 피하려 했다. 정착은 그들의 자연스러운 선택이 되게 하고 싶었다. 우리가 바로 '도시 청년 시골 파견제'라는 넛지스러운 이름을 가지게 된 이유였다.

  도시 청년 시골 파견제 사업은 2021년 말까지 총 3기 113팀 181명이 참여했다. 2022년 5월 기준으로 계속 사업 인원은 98팀 160명으로 약 87퍼센트 정도이고 폐업한 팀은 15팀 21명이다. 작년에 조사했을 때만 해도 95퍼센트 정도가 계속 사업 중이었지만 계속되는 코로나로 인해 2022년에는 폐업팀이 늘었다. 업체당 평균 매출액은 2020년은 7,700만 원 정도이고 2021년은 1억 2,200여만 원이었다. 세부적으로 분석해보면, 2020년 기준으로 볼 때 3억 3,000만 원을 버는 업체가 있는 반면에 990만 원을 버는 업체가 있는 등 편차는 매우 큰 것으로 나타났다. 이들이 사업을 통해 고용한 인원은 정규직 31명을 포함해서 총 51명이다. 출산이나 자녀 등 동반 유입을 통해 들어온 인원은 모두 32명이다. 가장 많은 사업 유형은 로컬 푸드가 많고 청년들의 유입 유형은 원래 대도시에 살던 청년들이 연고가 없는 지방으로 내려온 'I턴' 유형이 가장 많았다.

청년을 로컬 크리에이터로 육성해야 한다

도시 청년 시골 파견제의 정체성 확립기는 2018년이다. 그 해에 화수헌 등 시범 사업과 함께 도시 청년 시골 파견제 사업이 시작되었다. 이때 가장 고민이 되었던 문제는 이 사업의 정체성을 무엇으로 할까 하는 문제였다. 창업과 창직으로 사업을 모집하기는 했지만 지역자원의 활용과 지역에 대한 선한 영향력 등을 만들어야 한다는 점에서 달랐다. 그리고 생존하기만 해도 대견한데 너무 많은 제약 조건을 주는 건 아닌지 고민을 거듭했다. 그러나 이런 제약이야말로 창의력 발휘의 원동력이라고 판단했다. 지역자원을 활용하고 제약의 조건을 창의성 발휘의 디딤돌로 삼는 이 사업의 정체성은 로컬 크리에이터이다.

로컬크리에이터는 지역의 버려지거나 잊혔던 자원을 크리에이터의 눈으로 다시 반짝반짝하게 닦아서 이를 통해 지역을 매력적으로 빛나게 만들고 활성화시키는 선한 영향력을 발휘한다. 도시 청년 시골 파견제 사업은 이 로컬 크리에이터를 만드는 사업이고 사업에 참여하는 청년 개개인이 모두 로컬 크리에이터로 성장해야 한다고 강조했다. 로컬 창업에는 사업의 생존과 성장만 있으면 안 된다. 물론 결과적으로 지역의 활성화를 불러일으키면 좋지만 수익만을 좇는 것은 사업의 본질적인 목표와 의도가 아니다.

로컬 크리에이터라고 말할 때는 지역에 대한 선한 영향력과 활성화가 결과로 나오기를 희망한다. 그러나 우연의 결과로 이러한 성과가 나오는 것을 바라지 않는다. 창업을 시작하는 순간부터 선한 영향력과 활성화가 의도와 계획에 분명히 담겨 있어야 한다.

이 프로그램으로 '다움'을 갖추고 팬과 연결되는 시기는 2019년이었다. 2019년부터 사업을 본격적으로 시작하면서 정체성에 기반한 '다움'의 사례를 찾아 알리고 지역의 한계를 뛰어넘고자 노력했다. 나음도 다름도 아닌 나다움의 사례들을 많이 찾고 알리고자 노력했다. 예를 들어 의성의 노비스르프 사진관은 사진작가로서의 전문성을 대표님이 갖춘데다가 의성이라는 지역의 감성과 어우러져 웨딩사진을 촬영하는 것으로 로컬 크리에이터의 면모를 보여줬다. 그 덕분에 세상 어디에도 없는 독특한 개성의 웨딩사진을 만들어주고 있다. 이런 것이 바로 다움이다.

나다움은 누구도 흉내낼 수 없다. 바로 이런 다움이 팬을 만드는 비결이다. 성주 참외와 식품회사 연구원 출신 대표님의 만남이 바로 유기농 참외 젤라또 능행의 다움이고, 230년 된 한옥과 도시 청년 감성의 만남이 화수헌의 다움이다. 우리는 다움을 만드는 로컬 크리에이터를 위해 팬을 만들어주려고 와디즈 펀딩과 아이디어스 입점을 지원했다. 와디즈는 서포터라는 제도와 제품과 연결된 얘기를 심층적으로 전달할 수 있다는 장점을 갖췄다. 아이디어스는 수공예품 전문 쇼핑몰로서 특히 작가의 제작 과정 등이 공유됨으로 두 채널 모두 다움에 기반 팬을 만들기에 유리한 채널이라고 생각했다. 와디즈 펀딩에서는 영천의 빈투바 초콜릿 업체 산과보름이 약 1,000퍼센트 펀딩을 달성해 모두를 놀라게 했고 아이디어스에서는 칠곡의 나는 꽃이 월 600만 원 이상의 매출을 올려 모두를 기쁘게 했다.

그리고 SNS, 특히 젊은이들이 많이 보는 인스타나 유튜브 등의 업로드를 통한 연결을 강조했다. 이 중에서 문경의 화수헌, 상주의 상주공간, 울릉도의 울릉에서 한 달 살아보기 등의 인스타그램은 높은 구독자를 통해 연결의 확장을 이룰 수 있었고 그 덕분에 시골 창업의 한계를 극복해 나갈 수 있었다. 연결의 또 다른 측면으로 사례를 모아 책자를 만들었다. 『로컬 크리에이터 정착기』라는 책자를 만들어서 우리들의 사례를 정리하고 공유했다. 또한 SBS의 〈시골 가게의 비밀〉을 비롯하여 KBS와 MBC 등 여러 공중파에 우리 청년들의 얘기가 소개되었다.

2020년은 브랜딩과 네트워킹의 확장 시기였다. 이 해는 모두가 알다시피 코로나19가 시작되면서 우리 팀들도 많은 어려움을 겪었다. 정말로 잘하고 있던 팀들이 여기까지라며 이제 다시 도시로 돌아간다고 할 때는 안타까움을 감출 수 없었다. 그래도 사업은 지속해야 했고 단계에 맞는 고민을 해야 했다. 이제 1기 팀들이 졸업하면서 지원 사업이 끝난 뒤 어떻게 지방에 안착시킬 것인가에 대한 숙제를 풀어야 할 단계였다. 세 가지를 생각했다.

첫째는 브랜드화였다. 졸업 후에도 이들 팀과 제품들이 경상북도의 도시 청년 시골 파견제에서 시작되었던 사람들임을 알린다면 신뢰성이라는 관점에서 이들의 사업에 유리하리라 판단했다. 둘째는 이제 졸업과 함께 혈혈단신 외로울 수 있고, 경제적 어려움도 있는데 최소한 옆에 나와 같은 사람들이 있다면 견디기가 훨씬 더 쉬우리라 생각했다. 그래서 이들 간의 네트워킹, 그리고 지역 청년들과의 네트워킹을 추진하게 되었다. 셋째는 전국적인 노출과 자생적 성장을 위한 투자 기회의 모색이었다. 로컬 전문 기획사 어반플레이와 함께 2020년에 로컬 게더링 경주와 2021년에 로컬 게더링 문경을 개최했다. 그럼으로써 경북의 로컬 크리에이터들을 전국적으로 노출시켰다. 이 기회를 통해 임팩트 투자자들과 만나게 하였고 본인들의 사업을 투자자의 관점에서 바라볼 수 있는 기회를 제공했다.

3년간의 도시 청년 시골 파견제를 통해 113팀 181명이 경북 23개의 시·군에 정착했다. 물론 결코 많은 숫자는 아니다. 경북은 지난 10년간 매년 6,500명의 청년이 순 유출되고 있는 상황이었기 때문이다. 그러나 코로나19로 어려운 상황에서도 이들 중 98팀 160명의 청년이 지원 종료 후에도 지속 사업을 하고 있고, 51명(정규직 31명)의 신규 고용을 이루어냈고, 출산 전입 등으로 32명이 추가 유입이 있었다.

지난 3년간 우리가 했던 것은 새로운 탐구이자 관찰이었다. 책상에 앉아 창업 지원금만 주면 될 것이라고는 생각하지 않았다. 그들이 사업하는 과정을 살피며 그들은 어떤 꿈이 있길래 지원했을까? 그들은 왜 삶의 터전을 로컬로 옮겼을까? 그리고 그들은 앞으로도 여전히 로컬에 있을 것인가? 무수한 질문이 떠올랐고 그 답을 지켜보는 과정이기도 했다. 청년 창업 인사이트를 지속해서 발굴하는 IT 플랫폼과 유통 및 기술의 발전은 '로컬의 중심화'를 만들어냈다. 우리 사업에 참여한 청년 창업가들이 온라인 판매를 하면 이를 구매하는 다수의 소비자가 서울, 경기, 인천, 부산, 광주 등에 거주한다. 따라서 청년들이 사업을 하는 로컬을 더 이상 '시골'이나 '농촌'이라고 말할 수 없다. 더구나 청년들은 이곳 로컬에서 전혀 다른 관점과 시각으로 '로컬 콘텐츠'라는 새로운 보물을 발견해내고 있다. 로컬의 이야기와 풍광 그리고 생산물은 도시에서 볼 수 없는 새로운 제품, 디자인, 콘텐츠의 원형이 되고 있다.

또한 청년들의 로컬 창업은 지역의 에너지가 뿜어져 나오는 분화구가 되고 있다. 청년들의 이야기를 들어 보면 "설마 이런 지방에 '준비된 고객'이 있을 줄은 몰랐다."라고 한다. 지역민들은 늘 새로운 트렌드와 문화에 갈증을 느꼈지만 그것이 분출되지 못했다. 청년들이 로컬로 진입해 새로운 소용돌이를 일으키자 기다렸다는 듯이 거기에 합류하고 있다는 이야기다. 그뿐만이 아니다. 도시에서 내려온 청년을 자신의 아들과 딸처럼 생각하는 어르신들이 정이 넘치는 마을을 만들고 있다. 넙죽 인사하는 그들의 모습에서 오랜만에 환한 미소를 지을 수 있고, 하다못해 반찬과 농작물을 챙겨 주시기도 한다. 또 어떤 경우는 청년들이 회의하고 있으면 어르신들이 김치전이며 감자전을 부쳐 먹으라고 내어놓기도 하신다. 이런 모습은 애초 이 사업을 구상했던 우리조차 전혀 예상치 못한 새로운 풍경이었다. 창업이 아니고 로컬 크리에이터라는 정체성이 맞는다는 것을 깨달은 순간이기도 했다.

경상북도와 경상북도진흥원은 앞으로도 이 사업을 꾸준히 진행하면서 공공기관의 로컬 크리에이터 지원 사업에 관한 새로운 인사이트를 계속해서 발굴해 나가고자 한다. 우리는 앞으로도 당분간 이 사업에 지원하는 청년들을 호기심 어린 눈으로 계속 관찰하고 지원하려고 한다. 엄격한 공공기관의 사업 평가에 있어서 조금 부족한 것이 있어도 된다고 본다. 중요한 것은 '지원금을 주는 공공기관'의 입장이 아니라 '로컬에 정착하는 청년들의 입장'이 아닌가?

2
로컬 크리에이터 생태계를 구축하라

위키백과에 따르면 생태계ecosystem는 상호작용하는 유기체들과 또 그들과 서로 영향을 주고받는 주변의 무생물 환경을 묶어서 부르는 말이다. 한 곳에 살면서 서로 의존하는 유기체 집단이 완전히 독립된 체계를 이루면 '생태계'라고 부를 수 있다고 한다. 이 말은 곧 상호의존성과 완결성이 하나의 생태계를 이루는 데 꼭 필요한 요소라는 뜻이다. 특히 완결성은 하나의 생태계로서의 독자적인 생존과 성장이라고 할 수 있다. 그리고 독자적인 생존과 성장에 필수적인 부분이 생태계 내의 삶과 죽음, 즉 진입과 퇴출이라고 할 수 있을 것이다. 이것들이 생태계의 건강성을 판단하는 지표가 될 것이다. 로컬 크리에이터 생태계는 먼저 생태계의 가장 중요한 플레이어인 로컬 크리에이터가 있고, 그들이 가치를 만들어내는 근원으로서의 자원이 있고, 그리고 생태계의 조성자, 연결자, 촉진자 역할을 하는 정부를 비롯한 공공기관, 민간의 기획사나 액셀러레이터 등 여러 플레이어가 존재한다. 이들의 상호작용이 바로 로컬 크리에이터 생태계이다.

집토끼와 산토끼 중 누가 로컬 크리에이터가 되는가

집토끼와 산토끼. 주변에서 종종 듣는 말이다. 원래 이 말은 정치에서 자주 쓰는 용어다. 집토끼는 이미 내 집안에서 기르는 동물로 우호적 지지 세력을 뜻한다. 산토끼는 자신에게 우호적이지 않은 세력을 말한다. 정치에서는 주로 집토끼에 대한 역차별 불이익을 얘기할 때 많이 언급한다. 그런데 이 말을 도시 청년 시골 파견제 사업을 할 때 들을 줄은 몰랐다. 이 사업을 하면서 가장 많이 들었던 지적이 집토끼를 돌보지 않는다는 것이었다. 즉 '도시로 떠나지 않고 고향에 남아 있는 청년'들에 대한 역차별의 문제였다.

청년들을 분류할 때 지역을 떠난 적이 없는 사람(집토끼)과 외지에서 온 사람 또는 외지 생활을 하다가 다시 돌아온 사람(산토끼)으로 나눌 수 있다. 산토끼의 전입 유형은 다시 수도권 등 대도시로 진학 또는 취업했다 연고지로 돌아오는 U턴, 대도시를 떠나 고향 인근의 중소도시로 이주하는 J턴, 대도시에서 연고 없는 지역에 정착하는 I턴 등으로 분류된다. 도시 청년 시골 파견제 사업은 경북 외의 청년들이 경북으로 주소를 옮기는 '턴' 청년들이 대상이다. 이들이 주소지를 옮겨서 사업할 때는 지원금을 주었다. 물론 경북 내의 청년들도 경북 외의 청년과 한 팀을 이루면 지원이 가능하다. 하지만 경북 외 청년이 주가 되었기 때문에 집토끼에 대한 역차별의 얘기는 피할 수 없었다. 결국 지금까지 고향을 지켜왔는데 아무 혜택도 없는 게 아니냐는 지적이 나왔고, 특히 지역의 민의를 대변하는 의원들의 지적이 많았다.

맞는 지적이다. 이 사업은 청년의 유입이라는 계산도 부정할 수 없다. 그러나 더 본질적인 가치 추구가 있었다. 우리는 누가 더 지역의 버려지거나 잊혔던 자원을 좀 더 크리에이터의 눈으로 볼 수 있을 것인가의 관점으로 접근하였다. 문경의 화수헌처럼 230년 된 고택에서 1년에 8만 명이 몰려오는 가치를, 경산의 코리우드처럼 버려진 대추나무에서 수족관에 들어가는 유목의 가치를 누가 더 잘 발견할 수 있을까? 그리고 누가 이 가치들에 대해 좀 더 적극적으로 SNS를 통해 세계와 소통할 수 있을까? 우리는 이 사업에 대한 문제 제기에 대해 이러한 기준을 가지고 있다고 답변하였다. 아무래도 너무 익숙하면 잘 보이지 않는다고, 새로운 눈으로 봐야 지역의 가치를 볼 수 있다고 말이다.

결국 산토끼와 집토끼의 이분법적인 접근법이 아니고 누가 더 창의적으로 볼 것인가의 문제였다. 사실 산토끼와 집토끼의 이분법보다 더 중요한 사업의 본질이 있었다. 어떻게 크리에이터 생태계를 만들어 크리에이터들을 체계적으로 육성하고 발전시킬 것인가에 관심이 모아져야만 했다.

집토끼와 산토끼의 이분법적 접근은 도움이 안 되었다. 하지만 우리는 집토끼와 산토끼의 결합은 시너지를 만들고 있음을 많이 목격했다. 문경에 외지에서 들어온 청년 3팀과 고향에서 쭉 있었던 청년 1팀이 '가치 있게 같이 살자'는 뜻을 모아 가치살자 협의회를 2020년 만들었다. 그들은 행안부가 주관하는 청년 마을 조성 사업에 신청해 선정되었다.

'청년 마을'은 행정안전부에서 2018년도부터 매년 1곳씩 청년들이 지역에서 새로운 기회를 찾고 지역에 정착할 수 있도록 돕는 사업이다. 문경의 청년 마을은 전남 목포의 '괜찮아 마을'과 충남 서천의 '삶 기술학교'에 이어 2020년에 세 번째로 조성된 청년 마을이다. 2020년 선정된 달빛 탐사대라는 이름의 문경 청년마을은 지난 2021년 80여 명의 전국 청년을 대상으로 20개의 프로젝트를 수행했고 16개의 공간을 조성했고 5개 팀의 청년 창업을 이루었다. 활발한 사업을 전개한 덕분에 31명의 인원이 정착하거나 정착을 준비하는 활동을 펼치는 성과를 만들었고 2022년에는 3년 차를 준비 중이다. 문경에 이어 상주에서도 외지에서 들어온 청년들과 지역 청년들이 지역과 청년을 잇는 연결고리가 되는 것을 목표로 '이인삼각'이라는 협동조합을 결성하여 2021년 청년 마을 조성 사업에 선정되었고 2022년 본격적으로 활동을 시작했다.

속담에 "산토끼 잡으려다 집토끼 놓친다."라는 말이 있다. 이 속담은 산토끼를 잡으려면 집토끼는 반드시 포기해야 하고 두 마리를 동시에 잡을 수는 없다는 뜻이다. 그러나 지방에서 청년들의 활동에서는 그렇지 않다. 산토끼와 집토끼가 함께할 때, 집토끼의 경험과 산토끼의 열린 생각이 함께할 때 더 큰 시너지를 만들 수 있음을 목격하고 있다. 재미있는 것은 생물학적으로 집토끼와 산토끼는 유전자 수가 달라 생물학적 분류상 다른 '속'에 속해서 교배가 안 된다는 것이다. 그러나 지방에서 청년 산토끼와 청년 집토끼는 얼마든지 결합하여 시너지 효과를 낳는다.

로컬 콘텐츠를 발굴하고 사업화하는 것이 중요하다

로컬 크리에이터의 사업에는 필연적으로 지역의 자원을 활용할 수밖에 없다. 지역자원의 활용은 로컬 크리에이터가 존재하는 이유이기도 하고 밀레니얼이 열광하는 다름의 구현이기도 하기 때문이다. 문경 산양면 현리의 오래된 한옥이, 성주의 B급 참외들이, 펫에 대한 의성군의 정책과 시설들이 지역자원일 수 있다. 제주 해녀의부엌에서는 해녀들의 역사와 문화, 톳과 뿔소라, 그리고 해녀 자체가 바로 지역의 자원이다. 지역자원은 이렇게 역사 문화, 장소, 산물, 지역의 분위기, 정책 사람 등 모든 것을 포괄한다고 할 수 있다.

지역자원 활용을 통한 로컬 크리에이터의 사업 유형을 중소벤처기업부에서는 다음의 7가지로 나눈다.

① **지역 가치 창출**: 지역문화와 혁신적인 아이디어를 융합해 새로운 경제적·문화적 가치를 창출하는 유형

② **로컬 푸드**: 지역에서 재배 가능한 농·수산물을 활용해 식품 가공 및 유통하는 유형

③ **지역 기반 제조**: 지역에서 생산되는 소재를 활용하거나 지역 특색을 반영한 제조업 유형

④ **지역 특화 관광**: 관광자원을 활용해 해당 지역에 관광객 유입을 확대하고 지역의 특화 관광 서비스를 제공하는 유형

⑤ **거점 브랜드**: 지역 내 복합문화 공간 등 지역거점 역할을 하는 거점 브랜드 유형

⑥ **디지털 문화 체험**: 지역별로 역사·문화를 기반으로 과학기술 및 정보통신기술ICT을 활용해 재해석 또는 체험 등의 유형

⑦ **자연 친화 활동**: 지역별로 특색 있는 자연환경에서 진행되는 아웃도어 활동을 위한 자연 친화 활동 유형

당연히 이들이 로컬 크리에이터의 모든 사업 유형을 포괄하지는 않는다. 더군다나 위의 7가지 유형에는 지역에 있는 사람, 인적 지원의 존재를 통한 로컬 크리에이터의 사업 유형을 빠뜨리고 있다. 예를 들어 영천의 초콜릿 빈투바 업체 산과보롬에서는 카카오를 가지고 초콜릿바와 푸딩과 쿠키를 만들고 지역에서 수제 초콜릿 클래스를 열기도 한다. 그들은 지역의 농산물을 사용하지는 않지만 제주에서 배운 초콜릿 전문성을 가지고 영천에서 문화적 다양성과 라이프스타일의 다양성을 보여주면서 지역에 선한 영향력을 만드는 로컬 크리에이터로서 훌륭히 사업을 하고 있다. 하지만 이들의 사업 유형은

위의 7가지 중 하나에 포함시키기에는 조심스러운 부분이 있다.

지역자원과 관련해서 관심 있게 보아야 하는 부분이 인적 자원이다. 인적 자원과 관련해서는 두 가지 유형이 있다. 하나는 기존에 이미 지역에 존재하는 인적 자원이다. 이 부분과 관련해서는 두 가지 이슈가 있다. 하나는 발굴과 체계화이고 다른 하나는 로컬 크리에이터 본인인 나의 인적 자원이다. 나는 누구인가? 결국은 로컬 비즈니스는 라이프스타일 비즈니스로 발전해야 한다고 얘기했다. 팬을 만들고 연결을 통해 로컬의 중앙화가 되기 위해서는 라이프스타일 비즈니스가 되어야 한다. 라이프 스타일은 나의 지향과 취향이다.

지역의 인적 자원은 많은 경우 충분히 발굴이 안 되어 있거나 발굴되어 있다 하더라도 암묵지나 체계화되어 있지 않아서 전수하기가 어렵다. 이와 관련하여 '사람 책'이라는 개념과 '장인대학'을 제안하고 싶다. 사람 책은 발굴과 관련이 있다. 사람 책이라는 개념은 2000년 덴마크의 사회운동가 로니 에버겔Ronni Abergel이 처음 사용하였다. 그는 친구가 칼로 살해당하는 일을 당한 후 편견과 고정관념이 어떻게 폭력으로 이어지는지 알게 되었고, 그후 이를 해결하기 위한 방법으로 사람 책에 기반한 휴먼 라이브러리Human library를 고안하게 되었다고 한다. '편견을 깨는 소통'을 목표로 우리가 편견을 가지기 쉬운 성 소수자나 정치인과 경찰 등을 휴먼 라이브러리에 등록하고 대화를 통해 편견을 낮추자는 것이다. 그러나 우리의 사람 책은 편견보다는 좀 더 넓은 범위의 지역에 있는 문화와 산물에 대한 전문성이나 식견을 가지고 있는 사람들로 생각해볼 수 있을 것 같다. 제주도의 해녀, 자연 휴양림의 숲지기, 종갓집의 종손 등이 대상이다. 사람 책이라는 이름은 가져오지만 대상은 다르다. 이들을 통해 지역의 자원에 대한 안목을 기를 수도 있고, 지역에 대한 깊은 이해를 얻을 수 있고, 더 나아가 이들 자체를 활용해 이들을 만나는 프로그램을 만들어볼 수도 있다.

장인대학은 일본의 직인대학과 비슷한 개념이다. 예전에는 장인에 대한 사회 인식이 낮아 쉽지 않았지만, 이제는 우리 사회의 인식이 변한 것을 목격한다. TV 프로그램 중에 〈달인을 찾아서〉라는 프로그램이 있다. 이 프로그램에 달인으로 소개되면 그 집은 몇 달씩 줄을 서는 분위기일 정도로 우리 사회에는 이제 장인을 대접하는 분위기가 만들어지고 있다. 경북에만 해도 도예나 놋그릇 등 많은 장인이 있다. 그들의 기술에 기반한 도제 교육과 현장 교육을 하고, 비즈니스 모델과 마케팅과 같은 비즈니스적인 교육까지 더 하여 장소나 공간을 연결해서 창업한다면 성공 확률은 더욱 올라갈 것이다. 이미 제주 창조경제혁신센터와 광주 등에서 장인대학을 시도하고 있다. 활성화된 장인대학은 로컬 크리에이터 진입의 한 통로로 기능할 수 있을 것 같다. 사람 책도 어쩌면 서천의 '삶 기술학교'에서 추구하는 삶 기술을 지역에 있는 문화, 특정 장소, 특정 산물의 재배 등과 관련된 지역성 관련 있는 기술의 보유자로 본다면 장인대학의 외연 확대라고 볼 수도 있지 않을까.

그러나 가장 유용한 인적 자원은 장인대학이나 사람 책과 같은 것이 아니라 장인의 기술과 전통에 더해지는 나의 존재이다. 오히려 어떤 정형화된 틀은 창조성과 다양성을 기본으로 하는 로컬 크리에이터의 육성을 더 어렵게 할 수도 있다. 그런 점에서 제주 더큰내일센터 김종혁 센터장의 이야기는 굉장히 흥미롭다.

"만일 로컬 푸드 레스토랑을 만든다면 그 레스토랑에 집중하는 게 아니라 누가 만들었냐에 주목해야 해요. 결국은 우리가 왜 로컬이 미래의 희망인지에 대해 명확히 해야 해요. 로컬이 자기 주도적이고 다양화된 구조라서 희망이고 미래라고 얘기하는데요. 이를 지금 섣불리 구조화시키고 획일화하면 안 됩니다."

모종린 교수도 비슷한 얘기를 했다. 그는 왜 지역에는 종갓집 한정식만 있어야 하냐고 반문한다. 오히려 지역에 좋은 프랑스 식당이나 일식당이 있으면 안 되냐고 목소리를 높인다. 맞는 말이다. 로컬 크리에이터 육성은 정형화하면 안 된다. 로컬 크리에이터를 만드는 과정은 결국에는 나다움으로 귀착할 수밖에 없다. 장인대학이나 지역의 자원도 모든 것들은 하나의 인풋에 지나지 않는다. 이 인풋에 나다움이 더해져서 바로 세상에 없는 나만의 다움으로 로컬 크리에이터가 만들어져야 한다. 로컬은 다름이다. 이 다름에 나의 전문성, 특징, 개성 그리고 역량이 더해진다면 바로 로컬 크리에이터의 다움이 될 수 있다.

지역자원과 나다움의 관계를 가지고 사업을 유형화해볼 수도 있다. 이를 통해 사업의 유니크함과 확장성의 트레이드 오프 Trade Off도 생각해볼 수 있을 것 같다. 예를 들어 지역자원은 대추나무나 참외 등 물적 자원, 오래된 한옥이나 지역의 문화 등 공간자원, 그리고 마지막으로 제주도 해녀와 같은 인적 자원으로 나누어보고 나의 특징이나 전문성이 얼마나 독창적인지 아니면 상대적으로 범용적인지로 구분할 수 있다. 물론 그 누구의 다움도, 전문성도 범용적이었던 적은 없었다. 다만 복제 가능성의 어려움과 그 직종에 진입이 쉽지 않은 정도가 상대적으로 생각해볼 수 있을 것 같다.

만약 상대적으로 물적 자원과 나의 전문성도 범용적이라고 한다면 그 사업은 초기에는 상대적으로 유니크함이 적어서 어려울 수 있다. 하지만 그 어려움을 넘는다면 나중에는 확장 가능성이 크다고 얘기할 수도 있다. 그 반대의 경우도 지역자원은 인적 자원에 기반하고 나의 전문성도 독창적이라고 한다면 초기에는 유니크함으로 팬을 만들기 쉽겠지만 확장성은 제한적일 수도 있을 것이다. 가령 제주 해녀의 부엌은 초기에 제주 해녀라는 자원과 한예종 졸업 배우 출신이라는 김하원 대표의 전문성이 결합하여 해녀의부엌만의 다움을 만들고 인기를 끌었다. 그러나 제주를 벗어나 확장성을 가지는 것은 어떨까?

지역자원은 아니지만, 로컬 크리에이터들이 꼭 활용해야 하는 자원이 있다면 그것은 SNS 플랫폼들이거나 온라인 쇼핑몰들일 것이다. 문경의 화수헌이나 상주의 상주공간은 적극적으로 인스타그램을 활용하였다. 그 덕분에 지역을 방문하는 사람이면 꼭 들려야 하는 핫플레이스로 자리매김했고, 칠곡의 나는꽃은 수공예품 전문 쇼핑몰로 아이디어스에서 상당한 규모의 월매출을 올리고 있다. 네이버의 라이브 커머스, 배달의민족 전국 별미 등도 로컬 크리에이터들이 활용할 수 있다. 요즘 로컬 크리에이터들이 많이 활용하는 남의집이라는 커뮤니티 플랫폼도 있다. 취향 공존 커뮤니티 모임을 표방하는 남의집은 취향이 비슷한 사람들의 오프라인 모임을 연결하는 커뮤니티 서비스다. 지역 주민들 간의 연결을 비롯해 동네에서 열리는 소규모 모임이나 작업실이나 공방 등 가게와 이웃을 연결하는 서비스로 2030 세대를 중심으로 마니아층을 형성하고 있다. 남의 집에서 만날 수 있는 대부분의 모임 호스트는 자신만의 독자적인 콘텐츠를 운영하는 창의적 소상공인인 로컬 크리에이터가 중심이 되고 있다고 한다. 남의집은 소유보다 경험을 중시하는 소비 트렌드와 취향 중심의 모임 트렌드가 점차 활성화되는 추세에서 포스트 코로나 시대 로컬 커뮤니티 활동의 주축이 될 것이라는 예측이 있다. 이런 SNS, 쇼핑몰, 커뮤니티 플랫폼들은 비대면 문화의 가속화됨에 따라 지역적 한계를 넘어 로컬을 중앙화할 것이다.

　로컬 크리에이터가 지역에 터전을 잡고 활동하려면 지역자원을 제대로 알아야 한다. 그런데 지역 자원조사는 중요하다고 얘기하지만 형식적으로 행해지는 경우가 많다. 도시 청년 시골 파견제 사업도 선발되고 난 청년들에게 지역자원 조사를 시킨다. 그러나 그 결과물과 성실성에서 차이가 컸다. 사실 사업의 성과는 이 지역자원 조사의 성실성에서 결정되는 경우도 많았다.

　지역조사 기간은 지역을 알아가고, 특히 기존 주민들과의 감정적 상생의 실마리를 찾아가는 과정이다. 많은 도시 청년 시골 파견제 팀에게 무엇이 가장 어려웠는지 물어보면 그중의 하나가 지역과의 상생 부분이었다. 실제로 사업을 하면서 어떤 점이 힘들었는지 물었을 때 지역 주민들이 배타적이라서 어려움을 겪었다는 답변이 많았다. 지역자원 조사는 일반적으로 문헌조사, 지역 주체의 현황과 대응 방안, 지방 정부의 행정계획과 예산 분석, 이해관계자 분석, 동종 및·이종 사례 분석의 과정을 통해 진행된다. 이를 통해 도상에서만 연습했던 나의 사업 아이디어의 전방 후방 가치사슬에서의 문제를 검토한다. 또한 시장성은 충분한지와 나의 사업으로 인해 피해를 보는 분은 없는지 등이 점검되어야 한다. 더 나아가 나의 사업을 통해 어떤 지역의 문제들이 해결되고 작게라도 지역사회의 변화를 어떻게 끌어낼 수 있는지에 관해서도 선한 영향력이라는 관점에서 고민해볼 필요가 있다.

로컬 콘텐츠를 발굴하고 사업화를 하는 게 제일 중요하다. 하루만 머물면 파악할 수 있는 수준으로는 어림도 없다. 그래서 로컬의 상업자원을 큐레이팅하는 로컬 매거진이 필요하다. 지금도 좋은 동네 잡지들은 있지만 그렇게 발굴하고 모은 콘텐츠로 사업화를 하지 못한다는 점이 문제다. 그러니까 사업화할 수 있는 로컬 자원이 무엇인지를 개념화하고 발굴하는 방법론을 제시할 필요가 있다. 결국 로컬 콘텐츠를 발굴할 수 있는 체계적인 시스템을 마련하는 일이다. 잡지가 로컬 창업의 중심지가 되고 발전해서 장인대학이 되는 것이다. 이런 인프라와 시스템을 구축하는 데 정부가 나서야 한다.

로컬 생태계에서 정부, 지자체, 공공기관의 역할은 무엇인가

로컬 크리에이터 생태계에서 정부, 지자체, 공공기관 등 공적 영역에 있는 기관들의 역할은 지금으로서는 가장 크고 중요하다. 지금 이 공공기관들은 생태계를 만드는 조성자로서 역할에 더해 생태계의 성장과 발전을 촉진하는 촉진자이다. 그리고 생태계 내 로컬 크리에이터들 간의 상호작용을 만드는 연결자에 이르는 등 전 방위적인 역할을 담당하고 있다. 아직 생태계가 자리잡지 못한 것을 고려할 때 공공영역의 기구들이 조성자의 역할을 맡는 것은 당연하다. 그러나 촉진자와 연결자의 역할까지 하고 있다는 것은 민간이 그 역할을 제대로 하지 못하고 존재감이 미미하기 때문이다. 가장 큰 이유는 아직은 돈이 안 돼서 뛰어들지 않는 것이다.

왜 돈이 안 되는지에 대한 부분도 많은 논의와 고민이 필요한 부분이다. 물론 제주맥주, 의성의 젠틀파머스, 목포의 괜찮아마을처럼 몇 군데는 민간의 투자가 들어왔고, 특히 제주맥주의 경우는 상장까지 이루어졌을 정도로 민간의 시선이 바뀌고 있다. 그러나 본격적 투자 대상으로서의 자리매김은 아직 대부분의 로컬 크리에이터들에게 요원한 일이다. 생태계라는 관점에서 조성자, 연결자, 촉진자로서의 각각의 플레이어들의 현황과 그 역할에 대한 기여를 살펴보자

먼저 조성자의 역할이다. 아직 생태계가 자리를 잡지 못한 상황에서 로컬 크리에이터 발굴과 육성 그리고 생태계 안착의 과정에 공공기관의 역할은 크다. 특히 청년들의 로컬크리에이터 생태계 진입의

마중물로서 역할은 중요하다. 우리 경북의 도시 청년 시골 파견제 사업의 지원 종료 후에도 지역 안착률은 90퍼센트가 넘는다. 물론 사업 기간이 짧아 조심스럽지만 마중물의 역할은 어느 정도 성공한 듯하다. 순간의 어려움은 있겠지만 그들은 다른 라이프를, 삶의 궤적을 선택했다는 게 명백하다. 그러나 계기가 없었다면 시도하지 못했을 것이다. 그 계기가 바로 새로운 삶의 선택지에서 이들의 선택을 도와준 경상북도의 도시 청년 시골 파견제와 같은 공공기관의 사업이었다.

최근 정부도 적극적으로 나서고 있다. 중소벤처기업부는 로컬 크리에이터를 지역 가치 기반 창업가로 개념을 분명히 하고, 지역 청년의 창업 기회를 확대하고 지역경제를 활성화하고자 2020년부터 '지역 기반 로컬 크리에이터 활성화 지원 사업'을 신설해 지원하고 있다. 과제 선발 과정에서 지역 특성을 잘 반영하기 위해 지역성, 혁신성과 창의성, 성장 가능성, 지역경제에 미치는 파급효과 등을 종합적으로 평가한다. 특히 2021년부터는 지역성 배점 비중을 30퍼센트에서 50퍼센트로 대폭 확대했다. 2021년에 지역 가치 창업가 250개 팀을 선정하는데 2,523개 팀이 접수해 경쟁률 10.1:1을 기록했다. 2022년에는 지역 가치 창업가 170개 팀을 선정하는데 1,952개 팀이 접수하여 11.5:1의 경쟁률을 기록해 지역 기반 혁신 창업 지원에 대한 현장의 높은 호응을 보여줬다.

선발된 팀들을 보면, 청년과 여성의 비중이 각각 68.8퍼센트와 50.6퍼센트로, 2022년 창업 지원 사업 평균 수치인 47.6퍼센트와 21.9퍼센트에 비해 상당히 높아 청년과 여성의 창업에 활력을 불어

넣는 긍정적 효과가 나타났다. 전국에 있는 지방 정부 중 로컬 크리에이터 사업에 가장 정성을 들이는 곳은 강원과 제주이다. 두 곳 다 상대적으로 산업 기반이 취약하다 보니 지역 가치 기반 창업에 노력을 쏟고 있고, 그 결과 중소벤처기업부의 2022년 선발 결과를 보면 전국 170개 팀 중 강원과 제주가 26개씩으로 타 시도와 비교해 압도적으로 높은 비율을 보인다. 특히 강원도는 2015년부터 전국 최초로 로컬벤처기업 지원을 시작했고, 현재까지 로컬 크리에이터 시장의 선점효과를 톡톡히 누리고 있다. 춘천의 감자밭, 속초의 칠성조선소, 양양의 서피비치 등 성공 사례 등을 만들고 있으며 2025년까지 로컬 크리에이터 300곳을 육성해 1,500개의 일자리를 창출하는 등 지역 청년 중심의 로컬벤처기업 육성을 목표로 하고 있다.

   로컬 크리에이터의 사업 조성자로서 민간이 역할을 하기는 아직은 어려워 보인다. 스타트업 생태계의 경우에는 기존 투자 중심에서 최근에는 컴퍼니 빌딩 등 조성자로까지 민간의 역할이 확대되고 적극적으로 참여하고 있는 것을 목격하지만, 로컬 크리에이터의 경우는 지역 가치 기반 비즈니스이다 보니 상대적으로 스케일업에 태생적 한계가 있다. 이러한 이유로 민간이 비즈니스적 관점에서 조성자로서 나서기에는 아직은 쉽지 않다. 그리고 조성자라는 거창한 이름은 아니지만, 목포의 괜찮아마을, 서천의 삶기술학교, 제주 창조경제혁신센터의 브랜딩 스쿨 등도 로컬 크리에이터들을 육성하여 생태계에 진입시키는 역할을 하고 있다. 다만 일부 대기업이 조성자의 역할을 자임하고 나선 것은 의미가 있다. 대표적인 것이 SK의 군산의 로컬라이즈와 영주의 경제속으로와 같은 프로젝트들이다. 물론 이렇게 할 수밖에 없는 기업의 사정들이 있지만 그렇다고 해서 폄하할 일은 아니다.

민간도 서서히 이 생태계 조성에 관심을 기울이고 있다. 최근 지역생활 커뮤니티 당근마켓이 관심사 기반의 모임 커뮤니티 남의집에 10억 원 규모의 투자를 진행했다고 밝히는 등 기업이나 투자자 쪽에서 조성자의 역할에 참여하는 움직임들이 나오고 있다. 당근마켓의 투자는 고도 성장하는 혁신 스타트업이 새로운 신생 스타트업을 발굴하고 지원함으로써 지속성장의 발판이 되어준다는 점에서도 이목을 끌고 있다. 당근마켓은 로컬 분야에서 잠재력을 지닌 남의집의 초기 성장을 위해 투자를 통한 지원으로 혁신을 지속해서 가능하게 하고, 하이퍼로컬 생태계를 함께 조성해 나간다는 계획이다. 어반플레이 같은 기획사도 서울 연남동에서 일련의 사업을 하면서 연남동만의 로컬 생태계를 만들고 있다.

다음은 연결자의 역할을 살펴보자. 도시 청년 시골 파견제 팀들에게 가장 많이 들어온 요청 중 하나가 네트워킹이었다. 같은 사업팀들끼리 고민을 나누고 협업의 기회도 발굴하자는 게 목적이었다. 사실 연결만으로도 충분히 가치가 만들어지는 것이 요즘이다. 공공도 이런 부분의 중요성에 관심이 있고, 도시 청년 시골 파견제 사업팀도 2년 차부터는 네트워킹 행사를 통해 사업팀 간 연결을 많이 장려했다. 2021년 중소벤처기업부도 로컬 크리에이터 간 협업 지원 사업을 진행했다. 지역 기반 로컬 크리에이터 활성화 사업이 그것이다.

총 32개 과제가 접수돼 경쟁률 88.7:1을 기록할 정도로 지역 기반 혁신 창업 지원에 대한 현장의 높은 협업수요를 확인할 수 있었다. 이 중에서 문경의 화수헌과 영양의 단디랩이 함께 영양군의 백 년 된 한옥을 식음료 중심의 복합문화공간으로 탈바꿈시키는 '연당림 프로젝트', 못난이 감자를 주제로 한 로컬 콘텐츠 체험 공간인 '감자유원지' 등 두 개를 포함하여 최종 18개 과제가 선정되었다. 동네의 매력을 찾고, 지역에 기반한 크리에이터들과 공간을 연결하는 일을 해온 어반플레이를 비롯해 로컬에 관한 이야기들을 모으고 소개하는 비로컬 등 상대적으로 연결자의 역할을 하는 민간 기획사들이 활발하게 활동하고 있다. 또한 연결자의 역할을 위해 매거진을 만드는 경우도 많다. 서울산업진흥원의 『서울메이드』, 경북 경제진흥원의 『다시 경북』, 어반플레이의 『아는동네』, 그리고 제주상회의 『인iiin』 등이 대표적이다.

　마지막으로 촉진자의 역할이다. 촉진자의 역할이라고는 하지만 이런 역할의 구분이 그다지 매끄럽게 구분되는 것은 아니다. 좋은 연결은 그 자체로 촉진의 역할을 할 수도 있기 때문이다. 여기서 촉진자라는 것은 초기 지원 사업이 끝난 후의 지원 또는 상대적으로 투자에 중점을 두고 말하고자 한다.

　촉진자를 이야기할 때도 공공기관의 역할은 중요하다. 기존 각 지방에 있는 경제진흥원이나 창조경제혁신센터와 같은 공공기관을 통해 판로개척, 마케팅 지원, 자금 지원, 수출시장 개척 등의 지원을 받을 수 있고, 특히 이 기관들에서 하는 청년 일자리 지원 사업 같은 인력 지원 사업은 초기 기업들에 굉장히 유효하기 때문이다. 그러나 촉진자의 역할 중 가장 중요한 것은 사실 투자인데 이 부분은 아직 그렇게 활성화되어 있지는 못하다. 2020년 지역 기반 로컬 크리에이터 활성화 사업 지원자 5,000여 명을 대상으로 한 설문조사에서 손익분기점에 도달하지 못한 경우가 47퍼센트로 많다. 이들이 경영상의 가장 큰 애로로 꼽고 있는 것이 운영자금 부족이었다.

   지역 가치 기반 창업이라는 로컬 크리에이터 사업은 지역의 자원을 기반으로 사업이 시작되다 보니 무한 복제를 통한 확장이나 지역 자원이라는 게 무한정 생산될 수 있는 것이 아니다. 그래서 스케일업이 어려운 것이 현실이다. 이러한 점 때문에 민간의 투자가 그렇게 활성화되어 있지는 못하다. 2021년 11월에 85억 원 프리 B 투자를 받은 어반플레이와 같은 상대적으로 스케일업이 용이한 콘텐츠 플랫폼들을 제외한 대다수의 로컬 크리에이터들에게 투자 유치는 쉽지 않은 일이다. 정부가 매칭 펀드를 통한 활성화에 나서야 한다. 중소벤처기업부에서는 2020년 제1기 로컬 크리에이터 출범식을 할 때 로컬 크리에이터 전용 펀드를 만든다고 했지만 아직 결성의 소식을 듣지는 못했다. 오히려 전국 최초로 21년 4월 강원도가 로컬벤처기업 육성 및 지원 조례를 제정하며 250억 원 규모의 투자펀드를 조성했다. 그리고 아직 규모가 크지도 않고 적극적으로 투자하지는 않지만, MYSC나 소풍과 같은 펀드나 임팩트 펀드들이 로컬 크리에이터들에 대한 투자를 하고 있다. 그렇지만 아직은 그렇게 많은 창업자가 혜택을 받고 있지는 않다.

생태계는 다양한 종이 한데 어우러질 때 건강하다. 로컬 크리에이터 생태계도 마찬가지이다. 조성자, 연결자, 그리고 촉진자가 각각의 역할을 충실하게 수행할 때 건강한 생태계가 유지될 수 있다. 로컬 크리에이터는 맨주먹으로 허허벌판에서 뭔가를 일구는 청년들이라 할 수 있다. 그들의 얼굴에 흐르는 땀방울이 굵고 함박웃음이 지어질수록 지방은 소멸이 아니라 회생과 부활의 터전이 될 것이다.

나가며

청년의 라이프스타일 모험이 지방을 살린다

2021년 한 해 가장 화제가 되었던 것 중의 하나는 넷플릭스를 통해 전 세계를 강타한 「오징어 게임」의 열풍일 것이다. 「오징어 게임」은 참가자 숫자와 일치하는 456억 원의 상금을 두고 생사를 가르는 서바이벌 게임을 다룬 드라마이다. 단 17일 만에 유료 가입 가구 1억 1,100만 명이 시청했다. 넷플릭스 역사상 공식적으로 가장 많은 가구가 시청한 드라마가 되었다. 드라마의 성공과는 상관없이 개인적으로는 영화 「기생충」에 이어 불편한 심정이 있었다. 물론 두 스토리의 큰 줄기는 부의 양극화이기는 하지만 그 저변에 깔린 우리 사회의 물질주의에 대한 과도한 숭배가 마치 우리 집의 치부를 온 동네에 보여준 것 같아서였던 것 같다.

2021년 12월에 이 불편함에 대해 공식적인 숫자가 나왔다. 미국 여론조사 기관 퓨리서치 센터가 두 차례에 걸쳐 전 세계 17개국 성인 1만 8,850명을 대상으로 한 전화와 온라인 설문조사 결과가 그 것이다. 전 세계 17개 선진국을 대상으로 삶에서 가장 가치 있게 생각하는 것이 무엇인지 조사한 결과 한국만 유일하게 '물질적 행복material well-being'을 1위로 꼽았다. 이어 건강(17%), 가족(16%), 일반적 만족감(12%), 사회·자유(각각 5%) 순이었다. 대부분 국가에서도 '물질적 행복'은 5위 이내였지만 1위는 한국이 유일했다. 17개국 중 절대다수인 14국에서 '가족'이 1위를 차지한 것과 대조적이다. 가족(38%), 직업(25%), 물질적 행복(19%) 순이었다.

우리나라 지방 소멸의 문제는 돈도 사람도 수도권으로 집중되는 데 있다. 수도권 집중의 이유는 우리의 물질주의적 가치관과 관련이 있다. 수도권 집중은 우리가 선택한 우리의 라이프스타일이다. 라이프스타일을 한 개인의 가치관이 관통하는 삶의 양식이라면 물질주의적 가치관이 관통한 우리의 라이프스타일은 아마도 성공, 명성, 부, 희소한 것들의 추구일 것이다. 그래서 우리는 서울로 올라가고 좋은 대학에 입학하고 좋은 직장에 들어가는 데 목을 매고 직장에 들어가서도 조직의 사다리를 올라가는 데 일생을 허비한다. 그러다 보니 대한민국의 모든 것은 서울로 집중된다. 좋은 대학과 좋은 직장을 찾아 서울로의 과도한 집중은 한쪽에서는 극심한 경쟁으로 인한 소외의 문제를 일으키고 또 다른 한쪽에서는 소멸의 문제를 일으킨다.

포틀랜드나 오스틴처럼 지방 도시가 활기찬 지역이나 나라를 보면 가치관의 다양성과 탈물질주의적 가치관의 확산이 많이 보인다. 이것이 뉴욕이나 로스앤젤레스가 아닌 지방 도시를 활기차게 만들고 결국에는 나라 전체를 건강하게 만드는 것으로 생각한다. 지방 소멸의 문제는 지방에 자원이 부족해서 더 많은 자원을 지방에 제공해야 하는 자원의 분배 문제가 아니다. 조심스러울 수도 있지만, 지방 소멸은 지방에 문화가 없거나 일자리가 없어서의 문제가 아닐 수 있다. 그것은 결과로 나타나는 현상이고 본질적 문제는 우리의 가치관의 문제이다.

   변화는 이미 오래전에 시작되었는지도 모른다. 2015년 한겨레 사회경제연구원이 19~34세 1,500명을 대상으로 한 조사 결과를 보면 물질주의적 가치관보다 삶의 질, 자아실현, 행복 추구로 가치가 옮겨가고 있다. 그들이 지금 바로 밀레니얼들의 중심이다. 퓨리서치 조사 결과는 전체 성인을 대상으로 한 결과였지만 우리의 청년들은 이미 변하고 있다. 어쩌면 우리 사회는 이런 청년들의 가치관 변화를 인식하지 못하고 있는지도 모른다. 이미 지방 곳곳에는 밀레니얼 청년들이 내려와서 그들만의 속도로 오롯이 자기만의 인생을 살아가고 있고 라이프스타일을 개척하고 있다.

   김춘수 시인이 "내가 그의 이름을 불러주기 전에는 그는 다만 하나의 몸짓에 지나지 않았다. 내가 그의 이름을 불러주었을 때 그는 나에게로 와서 꽃이 되었다. 내가 그의 이름을 불러준 것처럼 나의 이 빛깔과 향기에 알맞은 누가 나의 이름을 불러다오."라고 했다. 독일 실존주의 철학자 마르틴 하이데거Martin Heidegger는 언어는 존재의 집이라고 얘기했다.

   이 책은 바로 이미 활발하게 일어나고 있는 우리 밀레니얼의 가치관의 변화와 라이프스타일의 개척을 '밀레니얼의 귀향'이라고 이름 불러주기 위해 쓰였다. 또한 이미 시작된 변화를 가속화하기 위해 지역에서 어떤 일을 해야 하는지에 대해 조심스럽지만, 토론의 장을 펼친다는 마음으로 썼다. 이는 비단 나만의 바람은 아닐 것이다. 지방소멸의 적색 신호등이 위험하게 깜빡거리는 이 시대는 위기와 변화의 시기이다. 그런데 위기를 온몸으로 맞는 것도 변화를 온몸으로 받아들이는 것도 바로 청년이고 지방이다. 이제 로컬 크리에이터들의 모험적인 라이프스타일이 이 위기와 변화를 기회로 만드는 촉매제가 될 것이다.

미주

1. 메이커스 운동은 일반인이 3D 프린터 등을 이용해 제품을 직접 만드는 활동으로 과거의 수동적인 소비자를 적극적인 프로슈머로 만드는 계기가 되었다
2. 모종린, 『작은도시 큰기업』, 2014
3. 『한경 비즈니스』 2018년 10월 29일 "작은 가게 스타트업 키워 도시 매력 높이니…"
4. 그 도시에서는 이들을 '메이커스'라고 부른다.
5. 이정원, 제주 창조경제 혁신센터 팀장, https://brunch.co.kr/@jejucenter/231
6. 1, 2, 3차 산업을 복합해 농가에 높은 부가가치를 발생시키는 산업을 이르는 용어이다. 국내에서 사용되는 공식 명칭은 '농촌 융복합산업'이다.
7. 콘텐츠 지식 재산 Intellectual Property의 약자.
8. 디지털 경제에서 고객의 구매 경로는 인지 Aware, 호감 Appeal, 질문 Ask, 행동 Act, 옹호 Advocate의 5가지 단계가 있다고 설명한다. 바로 5A 고객 경험 모델이다.
9. 빈투바 Bean to Bar라는 말은 카카오콩 bean의 가공에서부터 초콜릿 바 bar까지 일괄적으로 만들어내는 과정을 일컫는 전문 용어다. 유럽에서는 마을마다 하나씩 있을 정도지만 우리나라에는 총 10여 곳밖에 없다.
10. 미국 작가 닐 스티븐슨 Neal Town Stephenson이 1992년에 발표한 SF 소설로 가상세계의 개념을 처음으로 대중에게 소개했다.
11. 수술 두 달 만에 사망하여 의료계에선 이식용 장기 부족 문제 해결의 발판을 마련했다는 평가와 임상 적용이 시기상조였던 것은 아닌지에 대한 논란이 있다.
12. 인디고고 Indiegogo는 세계 최초로 설립된 크라우드 펀딩 서비스를 제공하는 플랫폼 회사이다.
13. 참고로 북저널리즘에 의하면 젠틀몬스터의 공간의 콘셉트는 불가능함 unpredictable, 기이한 아름다움 weird beauty, 인식력 perception을 기반으로 하고 있다고 한다. 홍대 플래그십스토어 '더 로켓'은 반려견을 먼저 떠나보낼 수밖에 없었던 남자가 노인이 되는 과정에서 느끼게 된 열망, 맹목 그리고 갈등을 다루고 있고, 신사동 플래그십 스토어는 흰 까마귀를 주인공으로 한 이야기라고 한다.
14. '문샷'(moonshot 혹은 moon shot)은 '달 탐사선의 발사'를 뜻하지만 종종 혁신적인 프로젝트를 의미한다. 1962년 9월 12일 존 F. 케네디 대통령은 달을 조금 더 잘 보기 위해 망원경의 성능을 높이는 대신 아예 달에 갈 수 있는 탐사선을 만들겠다는 창의적인 생각을 했다.
15. 회사 내 다른 부서와 교류하지 않고 자기 부서의 이익만을 추구하는 부서 간 이기주의 현상을 말한다. 원래 사일로 Silo는 곡식을 저장하는 창고라는 뜻으로 조직 내 부서 간 장벽이나 부서 이기주의를 가리키는 용어로 쓰이고 있다.

16. 사티아 나델라, 히트 리프레시: 마이크로소프트의 영혼을 되찾은 사티아 나델라의 위대한 도전, 최윤희 옮김, 2018, 흐름

17. FANG은 미국 IT 업계를 선도하는 기업 '페이스북Facebook-아마존Amazon-넷플릭스Netflix-구글Google'을 묶어서 부르는 말이고 BAT는 중국의 IT 기업 '바이두Baidu-알리바바Alibaba-텐센트Tencent'를 묶어서 부르는 말이다.

참고문헌

도서

1. 김난도·이수진·서유현·최지혜·김서영·전미영·이향은·이준영·권정윤, 『트렌드 코리아 2019: 서울대 소비트렌드분석센터의 2019 전망』, 2018, 미래의창
2. 김난도·전미영·최지혜·이향은·이준영·김서영·이수진·서유현·권정윤, 『트렌드 코리아 2020: 서울대 소비트렌드분석센터의 2020 전망』, 2019, 미래의창
3. 김난도·전미영·최지혜·이향은·이준영·이수진·서유현·권정윤·한다혜·이혜원, 『트렌드 코리아 2022』, 2021, 미래의창
4. 김상훈·박선미, 『진정성 마케팅: 끌리는 브랜드를 만드는 9가지 방법』, 2019, 21세기북스
5. 김숙희, 『오프라인 매장 이대로 죽을 순 없다 온라인 쇼핑시대에 대항하는 오프라인 매장의 반격!』, 2013, 이담북스(이담Books)
6. 김형택, 『O2O를 넘어 온디맨드로(일상생활로 확대되는 고객 서비스의 진화)』, 2016, e비즈북스
7. 노상규, 『오가닉 비즈니스』, 2016, 오가닉미디어랩
8. 로버트 사이먼스, 『전략을 보는 생각』, 김은경 옮김, 2015, 전략시티
9. 로저 마틴, 『디자인 씽킹 바이블: 비즈니스의 디자인』, 현호영 옮김, 2018, 유엑스리뷰
10. 리드 헤이스팅스·에린 메이어, 『규칙없음: 넷플릭스, 지구상 가장 빠르고 유연한 기업의 비밀』, 이경남 옮김, 2020, 알에이치코리아(RHK)
11. 리완창, 『참여감(샤오미가 직접 공개하는 창의성과 혁신의 원천)』, 박주은 옮김, 2015, 와이즈베리
12. 마츠무라 키요시, 『옴니채널 시대의 오프라인 생존법칙(아마존과 이베이에 지지 않는다)』, 권윤정 옮김, 2014, 한국체인스토어협회
13. 모종린, 『머물고 싶은 동네가 뜬다: 온라인이 대체할 수 없는 로컬 콘텐츠의 힘』, 모종린, 2021, 알키
14. 모종린, 『인문학, 라이프스타일을 제안하다: 나다움을 찾는 확실한 방법』, 2020, 지식의숲
15. 모종린, 『작은 도시 큰 기업: 글로벌 대기업을 키운 세계의 작은 도시 이야기』, 2014, 알에이치코리아(RHK)
16. 문달주, 『마이크로 밸류: 서프라이즈! 아니, 세상에 이렇게까지』, 2013, 아이지엠세계경영연구원

17. 박정준, 『나는 아마존에서 미래를 다녔다』, 2019, 한빛비즈
18. 브라이언 솔리스, 『경험은 어떻게 비즈니스가 되는가』, 정지인 옮김, 2016, 다른
19. 브래드 스톤, 『아마존, 세상의 모든 것을 팝니다: 아마존과 제프 베조스의 모든 것』, 야나 마키에이라 옮김, 2014, 21세기북스
20. 살림 이스마일·마이클 말론·유리 반 헤이스트, 『기하급수 시대가 온다: 한계비용 0, 수익은 10배 더 많은 실리콘밸리의 비밀』, 이지연 옮김, 2016, 청림출판
21. 세스 고딘, 『마케팅이다: 세스 고딘의』, 심태훈 옮김, 2019, 쌤앤파커스
22. 손현진, 디지에코 보고서, 「ICT와 디테일의 만남: 옴니채널」, 2013. 9. 17
23. 여현준, 『일잘팀장은 경영부터 배운다』, 2017, 메디치
24. 우승우·차상우, 『창업가의 브랜딩: 브랜드 전략이 곧 사업전략이다』, 2017, 북스톤
25. 윤지영, 『오가닉 마케팅: 네트워크가 제품이다』, 2017, 오가닉미디어랩
26. 윤지영, 『오가닉 미디어: 연결이 지배하는 미디어 세상』, 2016, 오가닉미디어랩
27. 임홍택, 『90년생이 온다』, 2018, 웨일북
28. 장정빈, 『리마커블 서비스』, 2009, 올림
29. 전성철·배보경·전창록·김성훈, 『4차 산업혁명 시대, 어떻게 일할 것인가』, 2018, 리더스북
30. 제임스 H. 길모어, B. 조지프 파인 2세, 『진정성의 힘(고객들이 진정으로 원하는 것은 무엇인가)』, 윤영호 옮김, 2010, 세종서적
31. 존 로스만, 『아마존처럼 생각하라(디지털 경제 시대를 압도할 비즈니스 바이블)』, 김정혜 옮김, 2019, 와이즈맵
32. 주홍식, 『스타벅스, 공간을 팝니다: 하워드 슐츠가 감탄한 스타벅스커피 코리아 1조 매출의 비밀』, 2017, 알에이치코리아(RHK)
33. 최재붕, 『포노 사피엔스: 스마트폰이 낳은 신인류』, 2019, 쌤앤파커스
34. 최태원, 『라이프 스타일 비즈니스가 온다』, 2018, 한스미디어
35. 카민 갤로, 『애플 스토어를 경험하라(짜릿한 감탄의 순간을 판매하는)』, 조은경 옮김, 2013, 두드림
36. 켈리 무니·니타 롤린스, 『오픈 브랜드(고객을 끌어들이는 웹 마케팅 전략)』, 이주미 옮김, 2009, 위키북스
37. 피터 디아만디스 · 스티븐 코틀러, 『볼드BOLD: 새로운 풍요의 시대가 온다』, 이지연 옮김, 2016, 비즈니스북스
38. 필립 코틀러, 『필립 코틀러의 마켓 4.0: 4차 산업혁명이 뒤바꾼 시장을 선점하라』, 2017, 더퀘스트
39. 필립 코틀러·허마원 카타자야·후이 덴 후안, 『마켓 4.0 시대 이기는 마케팅』(양장), 이엽

· 김민주 옮김, 2017, 한국경제신문사(한경비피)
40. 홍성태, 『배민다움: 배달의민족 브랜딩 이야기』, 2016, 북스톤
41. 홍성태·조수용, 『나음보다 다름: 기획에서 마케팅까지, 무엇을 어떻게 차별화할 것인가』, 2016, 북스톤

기사

1. [H의 맥주생활 (24)] '맥주 애호가들의 성지' 포틀랜드 맥주여행, 2017. 03. 03., 동아사이언스, 황지혜 비어포스트 에디터, https://www.dongascience.com/news.php?idx=16904
2. 통계로 찾은 포틀랜드의 차별, 2019. 04. 14., brunch, 모종린, https://brunch.co.kr/@riglobalization/139
3. 로컬크리에이터가 완성하는 마을생태계 미국 포틀랜드, 2021. 06. 04., brunch, 제이커넥트, https://brunch.co.kr/@jejucenter/299
4. 지상파가 만든 쏠고퀄 '오느른'… 시사교양 PD, MBC 1호 유튜버 되다, 2020. 10. 29., 한국일보, 권영은, https://www.hankookilbo.com/News/Read/A2020102809370002879
5. 작은가게·스타트업 키워 도시 매력 높이니 '쿨 키드' 몰려들었죠, 2018. 10. 29., 매거진 한경, 이정흔, https://magazine.hankyung.com/business/article/201810236883b
6. [카드뉴스] Z세대가 온다, 2019.06.12., 매경이코노미, 노승욱·정다운, https://www.mk.co.kr/economy/view.php?sc=50000001&year=2019&no=411385
7. [매경 MBA] 삼성전자가 애플 이기려면…WHY로 고객 사로잡아라, 2013. 09. 27., 매일경제,

김인수, https://www.mk.co.kr/news/business/view/2013/09/903880/

8. 빨리 쫓아만 가던 시절은 끝났다 환경변화 감지능력이 1등 만든다, 2015. 07., DBR 180호, 허문구, https://dbr.donga.com/article/view/1203/article_no/7112/ac/magazine
9. [디지털혁신이 힘이다]제조업 위기…세계는 '플랫폼 비즈니스' 경쟁, 2019. 09. 21., 파이낸셜뉴스, 오동현, https://www.fnnews.com/news/201909210801542723
10. 힘 실리는 샤오미 '스마트폰×AIoT' 전략…생태계 확장 '집중', 2021. 08. 02., 아이뉴스24, 서민지, https://www.inews24.com/view/1392416

밀레니얼의 귀향
새로운 지방 시대, 부활의 해법은 달라야 한다!

초판 1쇄 인쇄 2022년 9월 13일
초판 1쇄 발행 2022년 9월 21일

지은이 전창록
펴낸이 안현주

기획 류재운 **편집** 안선영 **마케팅** 안현영
디자인 표지 양진규 본문 장덕종

펴낸곳 클라우드나인 **출판등록** 2013년 12월 12일(제2013-101호)
주소 우) 03993 서울시 마포구 월드컵북로 4길 82(동교동) 신흥빌딩 3층
전화 02-332-8939 **팩스** 02-6008-8938
이메일 c9book@naver.com

값 17,000원
ISBN 979-11-91334-88-3 03320

* 잘못 만들어진 책은 구입하신 곳에서 교환해드립니다.
* 이 책의 전부 또는 일부 내용을 재사용하려면 사전에 저작권자와 클라우드나인의 동의를 받아야 합니다.
* 클라우드나인에서는 독자 여러분의 원고를 기다리고 있습니다.
  출간을 원하시는 분은 원고를 bookmuseum@naver.com으로 보내주세요.
* 클라우드나인은 구름 중 가장 높은 구름인 9번 구름을 뜻합니다. 새들이 깃털로 하늘을 나는 것처럼 인간은 깃펜으로 쓴 글자에 의해 천상에 오를 것입니다.